AF450664

HISTOIRE D'UNE PIÈCE DE CINQ FRANCS

ET

D'UNE FEUILLE DE PAPIER

BIBLIOTHÈQUE NATIONALE — IMPRIMÉS — R. F.

738

8° R

22618

Frédéric PASSY

MEMBRE DE L'INSTITUT

HISTOIRE

D'UNE

PIÈCE DE CINQ FRANCS

ET D'UNE

FEUILLE DE PAPIER

Prix : 1 fr. 75

PARIS

FÉLIX ALCAN, ÉDITEUR

LIBRAIRIES FÉLIX ALCAN ET GUILLAUMIN RÉUNIES

108, BOULEVARD SAINT-GERMAIN, 108

1909

Tous droits réservés

PRINCIPAUX OUVRAGES DE M. FRÉDÉRIC PASSY

Leçons d'économie politique, 2 vol. in-8°; Guillaumin (épuisé).

Les machines et leur influence sur le progrès social; in-12, Hachette.

Le petit Poucet du XIX⁰ Siècle; *Georges Stephenson et la naissance des chemins de fer* ; in-12, Hachette.

Vérités et Paradoxes ; in-12, Delagrave.

Une Exhumation ; *un cours libre sous l'Empire* ; in-12, Alcan.

Pages et Discours ; in-12, Alcan.

Les Causeries du Grand-Père ; in-12, Alcide Picard.

Entre Mère et Fille ; in-12, Fischbacher.

Pour les Jeunes Gens ; in-12, Fischbacher.

Sous presse : **Souvenirs d'un Pacifiste** ; *Notes et documents*, in-12 ; Fasquelle.

Brochures sur diverses questions d'économie politique et de morale, Alcan.

Autres sur les questions d'arbitrage et de paix, au Bureau de la *Société Française pour l'arbitrage*.

AVERTISSEMENT

BIBLIOTHÈQUE NATIONALE R.F. IMPRIMÉS

Les pages que l'on va lire, si on les lit, ne sont pas précisément inédites, et je n'ai pas la prétention de rien
dire de nouveau. Elles sont la restitution, soigneusement
revue, de deux conférences faites, il y a plus de quarante
ans, sous les auspices de l'*Association Polytechnique*, à
l'Amphithéâtre de l'École de médecine, et publiées, alors,
en feuilleton, dans un journal de province, depuis longtemps disparu. De bienveillants amis, qui ne sont pas
des complaisants, mais des juges compétents et sincères,
en ayant eu récemment connaissance, ont insisté pour
que je les remisse au jour, assurant (ce que j'avoue croire
comme eux) qu'elles méritent d'être répandues, et qu'à la
condition de rectifier des chiffres devenus inexacts par
suite de l'exploitation de nouvelles mines et du développement du crédit, elles conservaient toute leur valeur et
demeuraient de circonstance. Je cède à leurs affectueuses
instances. Je crois, en effet, comme le croyait déjà Bastiat, qu'à l'origine de la plupart des erreurs économiques
et sociales dont nous souffrons, se trouvent d'anciens et,
malheureusement, tenaces préjugés sur la nature et le rôle
de la monnaie, et particulièrement une confusion fâcheuse
entre les métaux précieux et la richesse. Ce sont ces préjugés et ces confusions que, sous une forme familière,

sans formules d'école et dans la langue de tout le monde, j'avais essayé de dissiper devant l'auditoire populaire de l'Association Polytechnique, et ce sont eux que je voudrais, après un demi-siècle de réflexion et d'expérience, poursuivre de nouveau devant l'ensemble du public.

FRÉDÉRIC PASSY.

HISTOIRE D'UNE PIÈCE DE CINQ FRANCS

ET

D'UNE FEUILLE DE PAPIER

I

Il en est, chacun le sait, des sujets comme des hommes, qu'il ne faut pas, comme dit le Bonhomme, *juger sur l'apparence*. Les uns promettent plus qu'ils ne tiennent; les autres tiennent plus qu'ils ne promettent. Celui dont je vais entretenir le lecteur est, je le crois, du nombre de ces derniers. Il semble restreint et il est vaste; vaste jusqu'à envelopper, à toucher au moins, de près ou de loin, à presque tous les problèmes sociaux. Il semble spécial, technique, aride, propre tout au plus à intéresser les hommes d'étude au fond de leur cabinet, ou les hommes d'affaires au fond de leurs comptoirs, de leurs banques et de leurs boutiques ; et c'est en réalité un sujet d'un intérêt général, universel, concernant tout le monde, important pour tout le monde, et pouvant, suivant qu'il est bien ou mal compris, avoir une influence considérable et parfois décisive sur la bonne ou sur la mauvaise direction des sociétés.

« Hostilités permanentes des nations, conflits commerciaux, altération des espèces, banqueroutes déguisées, assignats, papier-monnaie, haine du capital, plans chimériques de rénovation financière et sociale, telle est, dit un des maîtres de la science, M. Wolowski, la triste postérité d'une idée fausse au sujet de la monnaie (1). »

---

(1) M. Wolowski, dans son travail sur Nicole Oresme.

Or, cette idée fausse au sujet de la monnaie, elle a régné pendant des siècles, elle subsiste encore, quoique affaiblie ; elle est dans l'air, et elle y sera longtemps peut-être, car il faut bien reconnaître qu'elle a pour elle les premières apparences.

Un voyageur célèbre du xviiie siècle, Arthur Young, disait, à propos d'une question plus grave encore, la liberté du commerce des grains : « Aucun sujet n'est comparable à celui-ci pour montrer le degré d'absurdité auquel peuvent arriver des hommes qui, à tous autres égards, feraient preuve d'un grand sens. » On en pourrait, certes, dire autant à propos de la monnaie. Mais, quand les hommes de sens se trompent à ce point, c'est sans doute que l'erreur est facile. Et, en effet, l'un des hommes de notre temps qui ont le plus excellé à exposer nettement les choses les plus obscures, Bastiat, n'a pas hésité à déclarer fort difficile l'explication du véritable rôle de la monnaie. Lui-même, si propre à tout rendre non seulement clair, mais attrayant, n'osait se flatter de donner cette explication « qu'au prix d'une longue et fastidieuse dissertation, que personne, disait-il, ne lirait ». Il est vrai qu'il se donnait aussitôt le plus éclatant démenti, et le charmant pamphlet *Maudit Argent !* n'a, que je sache, endormi personne. Mais aussi jamais, avant Bastiat, l'on n'avait su donner à la science la plus rigoureuse cette grâce piquante et cet irrésistible esprit. Je suis loin de prétendre à ce don merveilleux d'attacher en instruisant. Je ne désespère pas, cependant, en me servant des travaux de mes devanciers, d'arriver au moins à une exposition intelligible et satisfaisante... à une condition toutefois, c'est que votre attention, cher lecteur, veuille bien me suivre jusqu'au bout. Et quant à *énoncer* seulement la fonction propre de la monnaie, rien, en réalité, n'est plus aisé et plus simple. Le rôle de la monnaie, c'est de faciliter les transactions : c'est, pour le dire d'un mot, d'être *l'instrument par excellence de l'échange.*

L'échange, ce n'est pas ici, on le comprend, le moment de faire l'histoire de ce grand phénomène et d'en développer complètement l'important mécanisme. Mais je ne puis m'empêcher de dire au moins qu'il est le fond même de la société, son trait caractéristique et essentiel, et que ce n'est pas à tort que l'on a défini l'homme « *un animal qui échange* ».

L'homme, en effet — c'est presque une naïveté de le redire, — l'homme réduit à lui-même n'a que des ressources inférieures à ses besoins : l'homme uni à ses semblables a des ressources qui dépassent et qui tendent à dépasser de plus en plus les exigences de ses besoins. Les unités humaines, comme les chiffres, voient leur valeur se multiplier par le groupement ; et c'est par l'union que chacun de nous devient pour ainsi dire *légion*. C'est par l'union que ce qui manque à chacun est suppléé par ce qui se trouve disponible chez son voisin ; et c'est très justement que, pour faire comprendre le mécanisme de cette communication réciproque et les avantages de l'existence sociale fondée sur elle, on a maintes fois cité ce charmant passage d'une des plus jolies fables de Florian : L'Aveugle et le paralytique :

> « Aidons-nous mutuellement,
> « La charge des malheurs en sera plus légère,
> « . . . . A nous deux
> « Nous possédons le bien à chacun nécessaire.
> « J'ai des jambes et vous des yeux.
> « Moi, je vais vous porter ; vous, vous serez mon guide.
> « Ainsi, sans que jamais notre amitié décide
> « Qui de nous deux remplit le plus utile emploi,
> « Je marcherai pour vous, vous y verrez pour moi. »

Oui, nous sommes tous incomplets ; nous sommes tous, au moral ou au physique, aveugles et perclus en quelque chose ; et c'est en nous éclairant et en nous soutenant les uns les autres que nous arrivons à corriger ou à atténuer nos infirmités naturelles. C'est ainsi que nous nous dotons mutuellement de ressources, de facultés, de forces, qui, dans l'isolement, feraient irrémédiablement défaut à la plupart. Aucun ne saurait se suffire ; mais « à nous *tous* nous possédons le bien à chacun nécessaire » : la nécessité, en nous poussant les uns vers les autres, nous force à nous aider ; la bienveillance en naît ou s'y joint, et « la charge *de la vie* en devient plus légère ».

Je ne puis, je le répète, insister sur ce phénomène : ce ne serait pas une étude, ce serait toute une série d'études qu'il y faudrait. Tout le monde, d'ailleurs, en comprend la substance, tout le monde aperçoit que les biens de tout genre —les biens matériels, les biens intellectuels, les biens moraux eux-mêmes — ne croissent, en quelque sorte, que par la communauté des efforts et la communauté des résultats ; que non seulement ils croissent ainsi, mais qu'il y a dans cette transmission et cette communication incessante quelque chose de semblable à la multiplication sans limites de cette graine tombée de l'arbre qui produit l'arbre chargé de graines. Les qualités morales, notamment, — ces qualités qui sont le fondement de tout, —car elles forment l'élément actif et le ferment même de la production, non seulement passent intégralement de l'un à l'autre, mais vont susciter chez ceux à qui elles sont transmises d'autres qualités transmissibles à leur tour. Si bien qu'il se produit là, dans les profondeurs de l'âme humaine, ce qui devait se produire, au dire des alchimistes, pour la pierre philosophale, objet de leurs vœux ; ce qui se produit tout au moins pour l'aimant, lequel, nul ne l'ignore, ne se borne pas à attirer momentanément le fer, mais communique à ce fer, quand il a été mis en contact avec lui avec des soins convenables, d'abord la vertu qu'il possède lui-même, puis, comme une conséquence naturelle de cette vertu une fois acquise, la faculté de la communiquer à son tour sans s'affaiblir.

Tout, donc, est dans le progrès de l'échange ; tout est dans cette assistance incessante, dans cet agrandissement mutuel qui ajoute aux forces de chacun les forces de ses voisins, et successivement les forces de tous ; qui conserve au jour présent les forces d'hier, et qui prépare, pour le jour de demain, et celles d'hier et celles d'aujourd'hui. Tout est dans le progrès de cet échange ; et cependant le début de cet échange est bien modeste, et c'est sous des apparences

bien obscures, bien humbles, que nous voyons apparaître
d'abord ce grand instrument, cet organe spécial de l'é-
change dont nous allons nous occuper avec plus de détail :
la monnaie.

Mais allons pas à pas, comme dit le proverbe italien, et
remettons à un autre chapitre cette visite rétrospective au
berceau de la monnaie.

II

« Les deux plus grandes inventions des hommes », disait, au siècle dernier, le père du célèbre Mirabeau, « sont
« l'écriture et la monnaie, c'est-à-dire *la langue commune*
« *des idées et la langue commune des intérêts.* »

Il en ajoutait une troisième : « le tableau économique »,
dont il était l'auteur. Mais à cet égard la postérité n'a pas
été de son avis : elle a oublié le tableau économique ; et,
sans son fils, elle aurait peut-être oublié aussi le marquis
original qui s'intitulait « l'ami des hommes » et se mon-
trait si peu l'ami de ses enfants.

Par une coïncidence qui n'est pas apparemment un pur
effet du hasard, il se trouve que c'est à un peuple éminemment commerçant, éminemment échangeant, au peuple na-
vigateur et intermédiaire par excellence de l'antiquité, aux
Phéniciens, que l'on s'accorde généralement à attribuer
l'invention de ces deux langues communes : l'invention
de la monnaie et l'invention de l'écriture. Je ne dirai rien
de cette dernière ; ma tâche est assez vaste sans l'accroître encore. Mais comment s'est formée la première ? Comment a commencé cette langue commune des intérêts ?

Elle a commencé par le plus vulgaire des actes, par le
moins digne d'occuper l'attention des savants, à ce qu'il
semblerait : par ce qu'on appelle le *troc,* le simple *troc en
nature.*

Deux hommes sont en face l'un de l'autre. L'un possède
plus de blé qu'il n'en peut manger, l'autre plus de bois
qu'il n'en peut brûler. Le premier, à côté de ce blé sura-

bondant, est exposé à mourir de froid ; le second, à côté de ce bois dont il ne sait que faire, est exposé à mourir de faim. Ils troquent une certaine quantité de ce blé, inutile à l'un, contre une certaine quantité de ce bois, inutile à l'autre ; et d'un même coup deux choses qui étaient sans emploi deviennent utiles et deux besoins qui n'étaient pas satisfaits peuvent l'être. Et non seulement il y a une satisfaction actuelle de besoins qui autrement ne seraient pas satisfaits ; mais il y a quelque chose de plus : il y a une garantie pour la satisfaction ultérieure des besoins à venir, car il y a création d'un ressort, d'un élément d'activité et d'intelligence. Il y a, par ce seul fait que des objets inutiles en eux-mêmes peuvent procurer des objets utiles, une utilité nouvelle donnée à ces objets inutiles. Il y a une valeur conférée à ce qui tout à l'heure était sans valeur ; il y a, par conséquent, une incitation à conserver ce que, tout à l'heure, on n'avait aucun intérêt à conserver ; à créer ce que tout à l'heure on n'avait aucun intérêt à créer. Il y a, en un mot, une impulsion salutaire donnée au travail, à l'épargne, à la prévoyance, en même temps qu'un premier lien, un lien indispensable, quoiqu'il semble des plus humbles, s'établit entre les choses, c'est-à-dire entre les hommes qui possèdent les choses, entre les besoins des uns et les ressources des autres.

Évidemment donc, ce troc en nature, ce troc simple est utile, précieux, fécond ; et, comme l'a dit excellemment Bastiat, il porte avec lui, dans sa spontanéité même, sa justification sans réplique. « Il s'accomplit » librement et d'un commun accord, « donc il est bon », et bon aux deux parties qui l'effectuent. Mais, évidemment aussi, il n'est pas parfait, et à côté de ses incontestables avantages, il a d'incontestables inconvénients : parlons mieux, des insuffisances et des lacunes qu'il semble, au premier abord, difficile de combler. Il est fondé sur l'échange de deux excédents correspondant à deux besoins. Mais il n'est guère supposable que ce que l'un possédera en trop se trouve toujours être précisément, — et en nature et en qualité et en quantité, — ce dont manquera son voisin. J'aurai trop de blé, et ce ne sera pas du blé, mais des vêtements que désirera celui qui pourrait me fournir le bois dont j'ai besoin moi-même ; il me faudra donc, avant de m'adresser à celui-ci, avoir recours à un troisième, à un quatrième, à un cinquième peut-être, et convertir ainsi le troc simple en un *troc circulaire*, qui étendra bien loin et compliquera étrangement les opérations de cette transmission indispensable. Et puis, lors même que l'on pourrait parvenir, plus ou moins difficilement, à rencontrer directement ou indirectement l'homme avec lequel on peut troquer, comment imaginer qu'il y ait habituellement une équivalence, même approchée, entre les choses à échanger et que ces choses puissent, au gré de chacun, se diviser ou se réunir en lots convenables ? Comment, par exemple, celui qui n'a qu'un bœuf ou qu'un cheval, pourra-t-il, avec cet animal, se procurer le panier, la bêche, le litre d'huile ou de vin dont il a besoin ? Il faut donc, si l'on veut que le troc devienne plus facile, plus rapide, plus exact, plus fréquent par conséquent, qu'il intervienne entre ces deux besoins, qui se cherchent et s'ignorent, un moyen de se rencontrer, un trait d'union toujours visible ; et ce trait d'union ne peut être qu'une marchandise intermédiaire, acceptée également de l'un et de l'autre, une sorte d'*équivalent*, reconnu pour tel par tout le monde, et qui permette à celui qui veut se défaire d'un objet, aujourd'hui, de s'en défaire sans crainte, quoiqu'il n'ait pas encore sous la main la chose qui pourrait répondre aux besoins qu'il éprouve ; quoique peut-être il ne sache pas encore à quels besoins il appliquera plus tard l'équivalent de la ressource dont on lui demande de se dessaisir.

Cet équivalent, cette marchandise commune, acceptée pareillement des uns et des autres et venant, en attendant le jour où le besoin définitif sera satisfait, tenir la place de l'objet dont on se défait par avance, c'est LA MONNAIE.

Il y a longtemps (bien que pendant de longs siècles les plus fausses doctrines aient régné, qu'elles règnent encore, hélas ! sur ce point) il y a longtemps et très longtemps que des idées parfaitement justes ont été émises sur

cc sujet par un homme qui s'est trompé parfois sans doute,
qui s'est trompé notamment d'une façon bien grave dans
une question voisine, la question de la productivité du capital, ou de l'intérêt, mais qui n'en reste pas moins un des
plus remarquables représentants de la puissance de l'esprit
humain, et dont plus de vingt siècles n'ont pas affaibli la
légitime autorité. « On convint », dit le célèbre Aristote,
« de donner et de recevoir dans les échanges une matière,
« qui, UTILE PAR ELLE-MÈME, fùt *aisément maniable dans les*
« *usages habituels de la vie.* Ce fut du fer, par exemple
« ou de l'argent, ou telle autre substance analogue, *dont*
« *on détermina d'abord la dimension et le poids,* et qu'enfin,
« *pour se délivrer des embarras d'un continuel mesurage,*
« *on marqua d'une empreinte particulière, signe de sa*
« *valeur.* »

Plus tard dans le recueil des lois romaines, dans le Digeste, le jurisconsulte Paul donnait, avec plus de détails et
de précision encore, cette définition, que je demande la
permission de reproduire en entier, malgré sa longueur :

« La vente, dit Paul, commença par l'échange. Jadis il
« n'y avait pas de monnaie ; *et rien ne distinguait la mar-*
« *chandise du prix.* Chacun, selon la nécessité du temps
« et des choses, troquait ce qui lui était inutile contre ce
« qui pouvait lui présenter de l'utilité : car on voit le plus
« souvent ce que l'un possède en trop manquer à l'autre.
« Mais, comme il n'arrivait pas toujours, ni aisément, que
« l'un possédât ce que l'autre désirait, et réciproquement,
« on *choisit une matière dont la constatation publique et*
« *durable permît de subvenir aux difficultés communes de*
« *l'échange par l'identité de l'évaluation.* Cette matière,
« revêtue d'une empreinte officielle, *ne porte plus le nom*
« *de marchandise, mais celui de prix.* »

Quelle fut d'abord cette matière destinée à faciliter
l'échange *par l'identité de l'évaluation?* Et comment arriva-
t-on graduellement à la forme sous laquelle nous connais-
sons aujourd'hui la monnaie ? C'est une histoire pleine
d'intérêt, mais que je ne puis qu'esquisser, car elle est
longue. Encore convient-il, pour ne pas faire dégénérer en

leçons ces courts chapitres, de remettre, au prochain, cette curieuse esquisse.

III

Quelle fut, ai-je dit, la matière destinée, à l'origine, à faciliter l'échange *par l'identité de l'évaluation ?* J'aurais dû dire quelles furent les matières investies d'abord de ce rôle ; car ce ne fut pas une seule et unique marchandise, mais un grand nombre, qui plus ou moins imparfaitement remplirent la fonction de monnaie ; et l'histoire, comme je l'indiquais, en est longue et curieuse en même temps.

Une foule de choses, d'un usage plus ou moins général, d'une utilité plus ou moins universellement reconnue, acceptées, par conséquent, ou pouvant être acceptées par tous, ou par beaucoup, en représentation des objets dont ils se défaisaient ; une foule de substances, dis-je, douées de qualités plus ou moins appréciées, remplirent tour à tour, avec plus ou moins d'avantages, l'office de marchandise intermédiaire, de *dénominateur commun* des valeurs et de *prix*. Ce fut, par exemple, chez les uns, le sel ; chez d'autres, la morue ; des clous dans quelques villages d'Écosse, au dire d'Adam Smith, et même, de nos jours encore, dans quelques cantons du midi de la France ; ailleurs, du cacao, du poivre, des coquillages, du sucre, du rhum, du blé, du cuir, des fourrures : ce fut même, à l'époque de la conquête saxonne, en Angleterre, des hommes que l'on appelait la monnaie vivante, *living money*. Ce fut, en Amérique, du tabac ; et c'était hier encore, au dire du célèbre voyageur Livingstone, le mètre de coton écru, dans une partie de l'Afrique parcourue par cet intrépide explorateur.

« Les ouvriers libres que l'on emploie aux travaux agricoles, à ceux des mines et au lavage de l'or, reçoivent, dit Livingstone, par jour, à titre de salaire, 1 mèt. 80 centimètres de *calicot écru*. On peut les avoir à bien meilleur marché lorsqu'on les engage *pour toute la lune* ; ils sont payés alors à raison de 14 m. 1/2 de calicot par mois.

« La journée des maçons et charpentiers est également de 1 mèt. 80 centimètres de calicot, mesure qui forme ce qu'on appelle une *braça*. Les marchands de Quilimané demandent 40 braças (7 mèt. 20 cent.) par jour. *Le calicot écru, de fabrique anglaise ou américaine, est la seule monnaie courante du pays.* »

Ailleurs, à l'établissement portugais de Semna, par exemple, le fil et les anneaux de cuivre et de laiton servaient, concurremment avec le calicot, d'instrument d'évaluation et d'échange ; et le voyageur estimait à 75.000 francs la quantité de ces divers objets employés annuellement par le trafic de ce pays. Les anneaux sont recherchés à la fois pour l'ornement, ce qui est une des raisons de leur valeur, et comme monnaie ; et les détenteurs, en attendant le moment de solder leurs acquisitions, en garnissent leurs bras et leurs jambes, qu'ils transforment ainsi en porte-monnaie. Ils les dégarnissent pour payer, comme nous vidons notre poche, et c'est le cas de dire qu'ils s'allègent.

De toutes ces différentes monnaies, le tabac et le blé paraissent avoir été le plus employés, et pendant longtemps ces denrées ont été en usage, à ce titre, d'une manière régulière dans différents pays. On lit, par exemple, dans l'*Histoire des Colonies d'Amérique*, de M. Laboulaye, qu'aux siècles derniers, dans la Virginie (et plus ou moins, je crois, dans quelques-unes des colonies voisines), le tabac était à peu près la seule monnaie courante. Cette plante, dont l'Amérique du Nord avait encore à peu près le privilège de fournir l'Europe, avait alors tant de valeur, elle était recherchée à tel point, qu'on la cultivait partout, jusque sur les places et dans les rues des villes ; et la chose alla si loin que, pour avoir donné à cette richesse plus d'importance qu'elle n'en méritait, pour avoir commis à l'égard de cette monnaie non métallique la même erreur qu'ailleurs on a commise à l'égard de la monnaie métallique : pour lui avoir attribué le premier rôle et avoir fait d'elle le principal et presque l'unique objet de leurs préoccupations, plus d'une fois les Virginiens se virent au moment de mourir de faim au milieu de leurs tas de tabac.

« La Virginie, dit à cette occasion M. Laboulaye, nous donne ainsi, dans son histoire, la démonstration d'une des vérités les plus vieilles de l'économie politique, vérité qu'on a singulièrement méconnue : c'est que *l'argent ou la monnaie n'est rien de plus que le tabac ; c'est-à-dire un simple moyen d'échange et non pas la richesse ;* UNE MAR-CHANDISE QUI HAUSSE ET QUI BAISSE COMME LES AUTRES. Tout subordonner à sa possession, comme on le faisait dans le fameux système de la *balance du commerce,* ou vouloir l'exclure du marché pour supprimer l'intérêt du capital, comme on le demandait naguère, c'est donc poursuivre une double chimère.

« L'exemple de la Virginie rend l'erreur visible. L'État eût été insensé s'il eût cru s'enrichir en accaparant tout le tabac et en défendant de l'échanger ; et, d'autre part, personne ne se fût avisé de demander au planteur, qui le premier mettait le tabac en circulation, de ne point tirer de son travail le profit légitime, ou, si l'on veut, *l'intérêt* auquel il avait droit. Ainsi changez les termes du problème, la solution en devient des plus aisées ; et, *dans toutes les discussions d'économie politique où vous ne vous rendez pas compte du rôle de la monnaie, rappelez-vous l'exemple de la Virginie, et la question s'éclaircira.* »

Toujours est-il que, pendant fort longtemps, ce fut l'unique monnaie de ce pays. En 1620, la Compagnie propriétaire expédiait aux colons une cargaison de femmes ; ils en manquaient presque autant que les Romains avant l'enlèvement des Sabines, et n'avaient pas, pour s'en procurer, la ressource de recourir au même stratagème. Ce fut au prix d'un certain nombre de livres de tabac que la main de ces compagnes d'outremer, garanties de premier choix par la Compagnie, fut cédée aux amateurs. L'année suivante, le prix avait doublé ; ce qui prouve la vérité de cette proposition économique que : l'accroissement de l'offre tend à provoquer l'accroissement de la demande. En 1748 encore, le budget du clergé anglican était réglé en tabac, et arrêté à 60.000 livres, à raison de 2 pences la livre.

Dans l'État de Massachusetts (en 1741, si je ne me trompe), l'assemblée décida que le blé serait universellement reçu en paiement. Et pendant le cours de la Révolution française, alors que la dépréciation des assignats rendait les transactions de plus en plus difficiles, la Convention nationale, sur la proposition du représentant Jean-Bon Saint-André, agita très sérieusement la question d'ériger le blé en monnaie officielle.

Probablement, cher lecteur, ces monnaies non métalliques vous paraissent quelque peu étranges, et elles dérangeraient fort, en effet, nos habitudes. Elles étaient loin cependant, disons-le, d'être de pure fantaisie, et elles ont eu en leur temps plus d'un mérite. Elles avaient, avant tout, le grand et très grand mérite de mettre immédiatement dans les mains de celui qui les recevait en paiement d'un objet cédé par lui une représentation positive, un gage réel, une contre-valeur appréciable. Elles permettaient, par conséquent, bien plus encore que le troc direct dont j'ai précédemment parlé, ces combinaisons diverses qui ont pour résultat de prévoir l'avenir et d'y pourvoir. On ne recevait plus seulement pour prix, comme dans le troc direct, un objet d'une utilité certaine, mais d'une utilité spéciale ; on recevait un objet d'une valeur générale, universelle, et, par suite, d'un placement universel aussi. On pouvait, dès lors, garder ce prix jusqu'au jour du besoin, et l'on était assuré qu'en remettant, ce jour-là, sur le marché, le gage qu'on en venait de retirer, on pourrait y puiser de nouveau, soit un autre objet, soit un service répondant aux désirs encore inconnus qu'on aurait à satisfaire. Grand et manifeste avantage, certes, et éminemment favorable à l'économie et à l'effort ; mais avantage imparfait, pourtant, et accompagné encore d'inconvénients très graves ; d'inconvénients tels que, si le progrès avait dû s'arrêter à l'adoption de cette monnaie non métallique, jamais l'humanité n'aurait pu imaginer seulement ces développements supérieurs de l'échange, ces vastes et longues combinaisons qui embrassent les siècles, ces opérations rapides et multiples qui s'étendent d'une extrémité du monde à l'autre, telles qu'on en voit se réaliser à tout moment dans les sociétés avancées, dans les sociétés entrées, comme le sont les nôtres, dans le grand courant de l'industrie et du commerce.

IV

Les monnaies primitives, avons-nous dit, avaient leurs bons côtés : elles avaient leurs défauts aussi, et leurs défauts graves. Elles étaient, et c'était leur mérite, des contrevaleurs et des équivalents ; mais des équivalents peu maniables et souvent peu sûrs. Envoyez au loin, je vous prie, à des centaines ou à des milliers de lieues, que dis-je ? à quelques lieues seulement, une cargaison de blé ou de tabac, sans connaître à l'avance l'état du pays où vous faites cette expédition, sans savoir aux besoins de qui, et à quels besoins précis elle ira répondre. Jetez même du jour au lendemain sur votre propre marché, à votre porte, une de ces marchandises utiles à tous, c'est vrai, mais non pas utiles tous les jours et à toute heure ; ou bien gardez dans vos greniers, — vous dont ce n'est pas le métier, — ces choses qui se détériorent et s'altèrent, ce blé qui germe ou se pourrit, après lequel tant d'animaux sont acharnés, et dont la garde, d'après les calculs des hommes les plus expérimentés, ne coûte pas moins, le plus souvent, de 12, de 15 et parfois de 20 0/0 de sa valeur dans le cours d'une année ; ce blé si encombrant, d'ailleurs, si difficile à loger, et qui exige des locaux spéciaux et des soins continuels. Soyez, je le répète, réduit à mettre toutes ces choses en magasin pour en attendre le placement, réduit à les céder bon gré mal gré le jour où vous aurez une acquisition à faire ; et vous verrez ce qui vous restera au bout de l'opération.

Vous n'aurez pas perdu tout, assurément, et c'est bien quelque chose ; mais vous en aurez perdu, ou du moins vous en aurez pu perdre une bonne partie.

La détérioration matérielle n'est pas tout, d'ailleurs, et ces denrées ont un autre inconvénient : c'est la dépréciation éventuelle et la mobilité de leurs cours. Leur valeur est éminemment et rapidement variable ; nous ne le savons tous que trop par les fluctuations énormes du prix des grains. Une différence d'un cinquième, d'un quart, d'un dixième, en quantité, suffit pour amener une augmentation ou une diminution de prix d'une importance extrême ; et vous n'avez par conséquent en elles qu'un gage qui, au jour où vous le recevez, a une valeur connue, mais qui dans un mois, dans un an, quand vous aurez à vous en défaire, pourra avoir notablement augmenté, mais pourra aussi ne représenter que la moitié, le quart, ou moins encore.

Les métaux précieux, allez-vous me dire, sont sujets à variation, eux aussi. C'est vrai, et c'est là leur côté faible.

Ils varient même, à de longs intervalles, dans des proportions plus fortes peut-être que les grains. Mais ces variations ne se produisent que lentement et sous l'influence de causes persistantes ; et pour de courtes périodes leur valeur reste sensiblement la même. Ce n'est pas assez pour que nulle chance ne s'attache à leur possession ; mais c'est assez pour qu'entre le jour où on les reçoit et le jour où on s'en défait, entre le jour où l'on commence le troc par la *vente* et le jour où on le termine par l'*achat*, on n'ait, habituellement au moins, que de légères oscillations à craindre dans la valeur de son gage.

Par toutes ces raisons, ces premières monnaies ne pouvaient se prêter qu'à des échanges médiocrement étendus et dans le temps et dans l'espace. Pour que les transactions humaines arrivassent à cette expansion, pour ainsi dire indéfinie, à laquelle je faisais allusion il n'y a qu'un moment ; pour que tout homme, à toute heure, pût être assuré de puiser sur le marché, les choses dont il a besoin et enhardi à apporter sur ce même marché, moyennant un équivalent toujours prêt, les choses dont il peut se passer ; pour que les opérations industrielles et commerciales en vinssent à embrasser les générations et les siècles, à relier les continents et à franchir les mers, et qu'il n'y eût plus, pour ainsi dire, de bornes dans le temps ni dans l'espace, il fallait une autre monnaie plus parfaite à la fois et plus sûre, un gage plus stable en même temps que plus réalisable, une *reconnaissance*, en un mot, qui ne fût jamais exposée, je ne dirai pas seulement à être *protestée* à présentation, mais à se voir diminuée et dépréciée dans une proportion importante.

Cette monnaie meilleure, plus égale, plus rapide et réunissant en elle, au plus haut degré possible, tous les avantages imparfaitement possédés par les autres, les hommes, dans tous les pays et dans tous les siècles, se sont accordés à la voir dans les métaux dits précieux, dans l'or et l'argent. Un tel accord, sans doute, est fondé sur des raisons sérieuses et solides, et ce n'est pas au hasard que s'est établie cette pratique universelle. Quelles peuvent être ces raisons ; et comment, sans s'être entendues, toutes les nations, aux extrémités du temps et de l'espace, se sont-elles réunies pour conférer le rôle d'équivalent habituel à ces deux métaux dits précieux, ou au moins à l'un d'eux ?

C'est ce dont nous pouvons nous rendre compte facilement, au prix d'une analyse un peu minutieuse, un peu délicate, il est vrai, mais indispensable, et dont nous chercherions en vain à nous passer.

Quelle peut être la première, la plus essentielle des conditions constitutives de cette monnaie supérieure que nous avons en vue ? Pour le savoir nous n'avons qu'à nous interroger nous-mêmes, et à nous demander ce que, quand nous nous déterminons à la recevoir, nous attendons d'elle avant tout. Apparemment ce que j'ai déjà indiqué plus d'une fois, et à dessein : qu'elle soit une garantie, mais une garantie digne de ce nom. En d'autres termes, que celui à qui on la présente comme salaire d'un sacrifice auquel on le convie, d'un effort qu'on lui demande, d'une satisfaction à laquelle on le veut faire renoncer, ou d'un objet dont on prétend obtenir de lui l'abandon ; que celui-là même, au moment même où il prend cette peine ou consent à cette privation, soit certain, — moralement et matériellement certain, — qu'il ne fera pas en pure perte et sans compensation l'abandon de ses droits ou celui de son temps. Il faut que cette première partie de l'échange, qu'on appelle la vente, ne soit pas un marché de dupe, et qu'après avoir donné le « tiens » qu'on tenait en effet, on ne se voie pas réduit, lors de l'achat, à un ou plusieurs « tu l'auras », d'une réalisation problématique.

Il faut donc que cet objet qu'on appelle le *prix*, et qui est destiné à représenter dans les mains de celui qui le reçoit la rémunération de sa peine, la récompense de son abstention, ou le remplacement de la possession dont il se dessaisit, il faut que cet objet soit (je répète encore le mot à dessein) une contrevaleur et un *équivalent ;* qu'il ait *par lui-même* une utilité reconnue, qu'il soit une *marchandise*, une marchandise sérieuse, une marchandise acceptée de tout le monde, une marchandise dont le placement soit facile, toujours facile, facile à toute heure et en tout lieu : c'est-à-dire, en somme, qu'il faut que la matière dont la monnaie sera composée soit, non pas, comme on l'a dit trop souvent, « un objet *quelconque* » (1) que le pouvoir public aura revêtu d'une empreinte quelconque destinée à l'accréditer, et auquel cette empreinte seule et le décret de l'autorité publique confèrent arbitrairement une valeur également quelconque ; non, il faut que ce soit un objet qui, par lui-même et à part toute intervention de la puissance publique, par sa nature propre, et par elle seule, c'est-à-dire par l'utilité réelle dont il est pour les hommes, par le sérieux et par la généralité des besoins auxquels il répond, soit accepté spontanément de tous comme ayant une valeur intrinsèque et indestructible. Il faut que ce soit une marchandise qui vaille comme monnaie sans doute, mais qui vaille

---

(1) Voici une de ces définitions : « MONNAIE, espèce ou partie de quelque substance que ce soit, à laquelle l'autorité publique donne un poids et une valeur déterminés, pour servir de prix à toutes choses. » Cette naïveté burlesque autant que dangereuse se trouve tout au long dans un livre sérieux et excellent, auquel j'ai eu souvent recours avec grand profit : le *Dictionnaire des Institutions de la France*, de M. Chéruel.

d’abord *comme marchandise*, indépendamment de sa fonction monétaire. Il faut qu’avant d’être façonnée en pièces destinées à circuler, cette matière circule déjà en raison de cette valeur propre et reconnue. Et il faut que, le lendemain du jour où elle aura été transformée en disques monétaires, elle puisse, sans rien perdre de plus que le prix de la façon qui aura servi à la transformer de nouveau, être remise dans le commerce sous sa forme primitive, à l’état de matière brute, de pure marchandise, conservant encore, dans cet état, ses mérites et ses qualités essentielles d’équivalent. Eh bien! les métaux, les métaux précieux, chacun doit le comprendre sans plus d’explication, répondent excellemment à cette condition. Et c’est ce que l’illustre Turgot exprimait en ces deux lignes d’une netteté achevée : « *Toute marchandise est monnaie et toute monnaie est d’abord marchandise.* »

V

La matière monétaire doit être douée d’une valeur incontestable et certaine; mais, ce n’est pas assez, il lui faut une valeur considérable : car, je l’ai dit plus haut, comment suffire à des transactions nombreuses et lointaines, si la garde, le transport, l’envoi de l’équivalent et de l’instrument habituel des échanges sont difficiles et onéreux? Comment, au contraire, ne pas être frappé de ce qu’il y a d’important et d’essentiel dans cette mobilité qui résulte de ce que la valeur est ramassée sous un petit volume? Et l’idéal de la monnaie ne vous apparaît-il pas comme une valeur en quelque façon infinie, une valeur qui se déplacerait sans peine et sans frais, une valeur dont on pourrait dire ce que disait si bien un sage de l’antiquité, des talents et des vertus qui sont notre capital par excellence, notre capital personnel et inaliénable : « Je porte tout avec moi — *omnia mecum porto.* »

Précisément, les métaux précieux coûtent cher; de là leur nom, et ils coûtent cher parce qu’ils représentent beaucoup de travail, parce que, quoi qu'on ait dit de la richesse fabuleuse de certaines mines d'or et d'argent, répandues dans diverses contrées du globe, ce n'est pas sans de grands efforts et d'abondantes sueurs qu'on arrive à se procurer ces parcelles brillantes qui constituent la matière première des pièces de monnaies.

Les mines les plus riches de l'Amérique ne renferment que 2 ou 3 millièmes d'argent ; et cette fameuse mine de Potosi, l'idéal en quelque sorte de la richesse, n'en contient guère plus d'un millième. En outre, ces mines sont souvent situées dans des endroits inhospitaliers et inaccessibles, à des hauteurs où la vie est pénible et le travail difficile. Elles exigent des procédés d'extraction dispendieux par eux-mêmes, et plus dispendieux encore par la nécessité de tout apporter de loin, vivres et ustensiles. Il faut donc se donner du mal, et beaucoup de mal, pour arracher aux entrailles de la terre ces trésors que doivent ensuite se disputer les mains des hommes.

Disons tout d'un mot : quand celui qui cède un objet évalué 10 francs ou 20 francs reçoit en paiement une pièce d'or ou d'argent de même valeur, cela signifie que cette pièce de monnaie a coûté précisément autant à obtenir que l'objet contre lequel elle se donne ; c'est-à-dire qu'elle a exigé tout juste autant de travail et de peine de celui qui se l'est procurée. Il faut cela pour la garantie du vendeur ; et il le faut aussi pour que la monnaie n'ait pas ce caractère encombrant, anticommercial, antimonétaire qu'avait imposé à la sienne — fort logiquement du reste, puisqu'il visait à rendre impossible toute industrie et tout commerce, — le législateur trop vanté de la rude et grossière Lacédémone.

Il faut, en d'autres termes, que la monnaie soit rare pour être bonne ; et, au point de vue monétaire tout au moins (il en est tout autrement à d'autres points de vue, au point de vue industriel notamment), il ne serait pas exact de dire qu'abondance de biens ne puisse nuire. Nous savons si l'or et l'argent surabondent, et s'il y en a pour tous ceux qui en demandent.

Mais il y a, dira-t-on, des objets qui sont plus rares que ces métaux, qui se paient à plus haut prix, qui se déplacent et se transportent plus facilement aussi : il y a les diamants, les pierres précieuses. C'est vrai : 1 gramme d'or vaut 3 fr. 40 à 3 fr. 45 ; et 1 gramme de diamant ne vaut pas moins de 200 à 300 francs.

Mais il ne faut pas regarder les choses par un seul côté ; l'or et l'argent ont des qualités que n'ont pas ces objets, et dont il est aisé de comprendre l'importance.

Ce diamant, si précieux et si rare, n'est pas seulement fragile, ce qui est un grave inconvénient, il est difficile à évaluer avec précision, parce que d'une pierre à une autre, il y a telle ou telle nuance inappréciable pour le vulgaire, mais fort appréciable pour les connaisseurs, qui en change du tout au tout la valeur vénale. C'est la forme, c'est le reflet, c'est un peu plus ou un peu moins de pureté dans ce qu'on appelle leur eau ; et deux pierres de même poids vont différer du simple au double et davantage. Tels qu'ils sont, d'ailleurs, il faut peu de chose pour éteindre en quelque façon ces feux si admirés ; et, comme l'a dit un poète :

Voyez : le diamant brille au front de la femme,

> La science le touche avec son doigt de fer,
> Aussitôt ce n'est plus qu'un charbon sans éclair.

Sans aller jusqu'à cette altération profonde, supposez-les simplement rayées, écornées, tachées, aussitôt ces substances délicates perdent la plus grande partie de leur mérite.

Les éclats du diamant, la poudre de diamant assurément valent quelque chose encore, beaucoup même ; mais qu'est-ce en comparaison de ce que valait le brillant qui a fourni ces débris ? Les pierres précieuses s'évaluent, on le sait, par carats (212/1000 de grammes), et elles se paient, à égalité d'eau, de nuance, et de feux, à raison du nombre de carats. Mais ce n'est pas dans le rapport simple des poids, c'est dans le rapport des carrés des poids que croît leur valeur vénale.

Celle des métaux précieux, au contraire, est exactement proportionnelle à leur poids ; que vous divisiez ou que vous réunissiez de mille et mille façons des parties plus ou moins considérables de ces métaux, vous aurez toujours, pour le même poids, bien entendu, et pour le même degré de pureté, une valeur identique. Comme dit le proverbe vulgaire : « Les morceaux en sont bons ». Mettez en face l'un de l'autre, dans les deux plateaux d'une balance, 1 kilogramme de poudre d'or dans lequel il y a peut-être 20 ou 25 millions de paillettes imperceptibles, et un lingot ou une pépite de 1 kilogramme ; assurez-vous seulement que la pureté est la même, et vous serez certain qu'un lot vaudra l'autre. Qu'ils proviennent du Nord ou du Sud, de l'Ouest ou de l'Est, qu'ils aient été tirés par le lavage du fond des sables des rivières, ou extraits chimiquement du quartz des roches, ils auront la même valeur encore ; et du moment qu'ils auront été amenés au même degré d'affinage ce sera toujours de l'or ou de l'argent d'une valeur unique et d'une valeur donnée uniquement par le poids et le titre.

L'or et l'argent ont une autre qualité, qui manquent aussi à ces substances dont je viens de parler, c'est qu'ils sont inaltérables ou peu s'en faut.

L'argent n'est altérable, en réalité, que par un très petit nombre d'agents chimiques, et l'or n'est attaqué que par des procédés de laboratoire. Un mélange artificiel de deux des plus forts acides connus, l'acide azotique et l'acide chlorhydrique concentré, mélange que l'on désigne, à cause de cette propriété, sous le nom d'eau régale (l'or étant considéré comme le roi des métaux), a été, jusqu'au siècle dernier, le seul dissolvant de l'or. Vers 1860, un chimiste distingué, M. Niklet, a trouvé le moyen de le dissoudre par les perbromures, perchlorures et périodures éthérés. J'ajoute une remarque, d'une extrême importance, c'est que lorsque l'or et l'argent ont été ainsi attaqués et dissous, lorsqu'ils ont cessé d'être visibles à nos yeux et saisissables à nos mains, ils n'ont pas pour cela cessé d'exister, je ne dis pas seulement en tant que matière, puisque rien ne s'anéantit, mais en tant que métal.

Ils n'ont, pour ainsi dire, rien perdu de leur nature propre, et dans l'état de la science ils n'en peuvent rien perdre, puisque ce sont des corps simples. Ils sont enfermés, disséminés, masqués, voilés dans des dissolutions, des combinaisons ou des alliages; mais ils subsistent sous ces figures nouvelles, et il suffit d'une opération toujours prompte et peu dispendieuse, pour les en faire sortir et les faire reparaître sous leurs traits caractéristiques, comme reparaît dans l'arbre au printemps la sève enfouie dans la terre pendant le sommeil de l'hiver, comme brille le soleil un moment obscurci par un nuage, ou comme se réveillent au fond de l'âme endormie le sentiment de la dignité humaine, l'espérance oubliée et l'innocence perdue. Ils renaissent à l'appel de l'homme, après s'être, par la volonté de l'homme, ou par suite des mille accidents des choses humaines, cachés passagèrement derrière des apparences fugitives.

VI

Ce n'est pas tout, et nous ne pouvons encore quitter ces détails de si grande conséquence par leurs effets. Les métaux dits précieux ont un autre avantage, un grand avantage que j'ai indiqué déjà indirectement en signalant son absence dans les autres. Ils sont *homogènes,* c'est-à-dire, comme on l'a vu au paragraphe précédent, que quelle que soit leur provenance, ils ont la même nature et la même constitution intime.

Voyez ces objets que j'ai cités précédemment, ces monnaies primitives et non métalliques: le tabac, le blé, substances d'un emploi quotidien ou d'une nécessité absolue.

Est-ce que ce sont là des marchandises *déterminées,* déterminées d'une manière positive, et dont on puisse dire avec certitude : c'est ceci ou c'est cela ? Certes non :

un sac de blé et un sac de blé sont deux choses distinctes ; 1 kilogramme de tabac et 1 kilogramme de tabac
sont deux choses également distinctes. Dans ce tabac, il
n'y a que 1 0/0 de nicotine, dans cet autre il y en a 3 au
moins. Dans la touzelle blanche de Provence, on trouve
76 0/0 d'amidon, et seulement 11 0/0 de gluten ; et dans le
blé dur du Venezuela, il n'y a que 58 0/0 d'amidon contre 23 0/0 de gluten. Telle farine contient 18 0/0 d'eau de
végétation, et telle autre en contient davantage ou n'en
contient pas autant. De même, et dans de plus fortes proportions, pour les vins, les cafés, les huiles, etc. Encore
une fois, est-ce que des marchandises qui comportent des
différences semblables, qui, par suite, ne peuvent être
appréciées avec sûreté que par des hommes du métier, à
la suite de constatations délicates et grâce à une expérience spéciale ; est-ce que des marchandises comme celles-
là constituent des équivalents sûrs, précis ?

Il est trop clair que non ; et c'est pour cela que dans le
commerce on a l'habitude de conclure l'achat et la vente
des marchandises selon qualité ou sur ce qu'on appelle
des échantillons. C'est-à-dire qu'on n'achète pas, sans
désignation autre, tant de *blé* ou tant de *vin* ; mais après
avoir examiné avec soin, et en prenant toutes les précautions nécessaires suivant les cas, une certaine quantité de
la denrée qu'on veut vendre ou acheter, on traite de tel
lot déterminé ou de telle partie exactement semblable et
qui doit, après épreuve convenable, correspondre identi-
quement à l'échantillon qui a été la base du marché.

Je le demande encore, serait-il possible de se livrer à
ces opérations, inabordables à la plupart d'entre nous, pour
un acte aussi commun, aussi usuel, aussi courant que
l'échange de la monnaie contre les marchandises et des
marchandises contre la monnaie ?

Il importe donc que celle-ci soit d'un caractère bien
déterminé, d'un type reconnaissable et unique ; et que,
quand on dit tant d'or ou tant d'argent, on ait tout dit,
sans explications et sans commentaires.

Est-ce fini, cette fois ? Pas encore. Voilà les métaux

précieux pourvus par eux-mêmes de tant de qualités qui les prédestinaient en quelque façon au rôle d'équivalents et d'intermédiaires universels des échanges. Malgré toutes ces qualités, on n'échapperait pas aux erreurs, aux illusions, aux fraudes même, si ces métaux ne possédaient pas, en plus de leurs mérites intérieurs, certains caractères extérieurs et apparents qui les fassent reconnaître aisément entre tous, qui constituent leur identité, leur signalement, pour ainsi dire, et s'il n'était pas facile en outre de les marquer distinctement de signes qui, une fois admis et connus, ne permettent à personne ni de se tromper ni de tromper soit sur leur poids, soit sur leur pureté.

Quand vous vendez ou quand vous achetez des marchandises dont la sophistication est facile, et au sujet desquelles il est permis de craindre ou une altération préjudiciable ou des réclamations mal fondées, que faites-vous ? Vous les marquez ou vous marquez l'échantillon qui doit faire foi. Vous mettez ou vous exigez qu'on mette sur un sac de guano, par exemple, qui du Pérou doit arriver intact jusqu'à la ferme du cultivateur Européen, le sceau du gouvernement expéditeur qui en garantit la pureté ; vous apposez sur un sac de blé ou sur un flacon de vin destiné à servir de type un cachet ou un plombage ; vous revêtez les objets sortis de vos mains d'une estampille, d'un signe indélébile, d'une *marque de fabrique ;* et cette estampille, cette marque, ce cachet signifient, pour tous ceux qui les voient (à la condition toutefois que la bonne foi du fabricant, de l'expéditeur ou de l'expert ne soit pas suspectée), que l'objet ainsi marqué est de telle nature, de telle provenance, de telle qualité ou en telle quantité.

C'est son passeport, en quelque façon, et quiconque se défie de lui le lui demande. A plus forte raison, un objet destiné, comme la monnaie, à circuler de main en main rapidement et presque sans examen, avait-il besoin d'en avoir un ; et, bien que l'or et l'argent soient assez aisément reconnaissables à leur son, à leur poids, à leur couleur et à l'ensemble particulier de leurs caractères extérieurs, il était à propos qu'ils pussent être pourvus aisément et d'une manière durable de lettres de créance en bonne forme.

Par leur nature et par leurs qualités physiques, les métaux précieux répondent parfaitement à ce besoin. Ils sont malléables à ce point qu'un gramme d'or peut envelopper en entier un fil de 200 kilomètres de longueur, et qu'un mètre cube d'or suffirait à couvrir une surface de 1000 hectares, soit 10.000.000 de mètres superficiels. Ils peuvent, par suite, prendre aisément toutes les formes et tous les caractères, soit sous le balancier, soit par la gravure ; ce que ne peuvent faire des métaux à d'autres égards fort voisins d'eux, mais difficiles à travailler, le platine par exemple, que par cette raison on a dû renoncer à monnayer.

Ils prennent l'empreinte à peu de frais; et cependant ils ont une résistance suffisante pour la conserver longtemps sans altération sensible, au moins quand ils sont associés à d'autres métaux appropriés, — à des alliages, — dans des proportions convenables. Ils peuvent donc être revêtus de toutes les marques de garantie de la puissance publique, dont la présence atteste à tous les regards leur poids et leur titre ; et ils peuvent ainsi circuler sans péril dans toutes les mains.

Dans certains pays, de nos jours encore, on pèse l'argent. C'est par là qu'on a commencé partout ; et, si nous prenons la peine de remonter aux noms primitifs des monnaies, nous retrouverons toujours des mots qui rappellent cet ancien usage.

Ce sont des *sicles*, des *drachmes*, des *talents*, des *as*, des *livres*, des *marcs*, des *taëls*, et d'autres dénominations invariablement empruntées au vocabulaire des poids et mesures.

En Chine notamment, on pesait l'argent et on l'essayait. Chaque commerçant avait, à cet effet, sa pierre de touche et sa balance. C'est un procédé sûr; mais par contre ce n'est pas un procédé commode; et nous voyons d'ici quelle perte de temps il entraîne, quels ennuis, quelle déformation du lingot pour peu que celui-ci circule un peu activement.

J'ajoute quelle usure ; car, quelque soin qu'on apporte à cette opération délicate, elle ne saurait s'accomplir sans qu'à chaque épreuve le lingot ne laisse à la pierre et aux mains quelque parcelle de lui-même. Combien ne vaut-il pas mieux qu'un signe bien connu, faisant preuve pour tout le monde, soit apposé une fois pour toutes sur des lingots de poids et de titre déterminés, et qu'on ait ainsi, sous le nom *de pièces de monnaie*, un système simple d'unités monétaires et de multiples toujours semblables et faciles à additionner. C'est, du moins, ce qu'on a généralement pensé ; et c'est le rôle que, chez la plupart des nations, — des nations civilisées veux-je dire, — remplit, et remplit depuis longtemps la puissance publique. Plût à Dieu, faut-il se hâter d'ajouter, qu'elle se fût toujours bornée à ce rôle manifestement utile et nécessaire, et que cette empreinte même, destinée à mettre solennellement la foi privée sous l'égide de la foi publique, n'eût pas été trop souvent convertie en un moyen éhonté de fraude, d'altération et de vol ! Plût à Dieu, comme le disait énergiquement, il y a plusieurs siècles, à un prince digne de l'entendre, un homme qui déjà dans ce temps remettait heureusement en lumière les principes trop méconnus de la législation monétaire, le conseiller, sinon le précepteur du roi Charles-le-Sage, Nicole Oresme ; — plût à Dieu que les souverains, sous prétexte de veiller à la sécurité des transactions, ne se fussent pas faits les violateurs par excellence de toute probité et de toute loyauté, et qu'ils ne se fussent pas livrés officiellement à ces exactions, à ces mensonges et à ces « *brigandages publics* » qui pendant des siècles ont porté si loin la perturbation et la ruine qu'à l'exemple des grands fléaux trop communs à cette époque, on appelait cette calamité une épidémie et une peste, la peste monétaire, *morbus numericus !*

Le rôle de la puissance publique, c'est un rôle de protection et de sauvegarde, un rôle d'honnêteté, un rôle de police. *L'État ne fait pas la monnaie;* l'État n'institue pas la monnaie ; l'État ne donne pas à la monnaie sa force et sa valeur, non : l'État représente la foi publique, témoin et sanction de la foi privée. Il reconnaît, après vérification, que tel morceau de tel métal précieux pèse tant, est au titre de tant ; et, en vertu de cette constatation régulièrement faite, il appose sur ce disque une empreinte, qui est en quelque sorte l'attestation collective de la société. C'est le passeport de la monnaie, et, pour parler comme Rossi, « son certificat de bonne vie et mœurs » : certificat qui, pour plus de commodité et de sûreté, fait corps avec elle et sans lequel elle n'est reçue nulle part.

VII

L'État, ai-je dit, ne fait pas la monnaie ; l'État ne donne pas à la monnaie sa valeur ; et, en effet, examinez comment la matière de cette monnaie, je veux dire le métal qui la constitue, est arrivée à passer sous le balancier de l'État et de là dans la circulation.

Certains hommes, à force de peines et de sueurs, ont extrait des entrailles de la terre, parcelle à parcelle, tout ce qui entre dans ce disque de métal. En échange de leurs peines et de leurs sueurs, ces hommes ont reçu des objets nécessaires ou utiles, des articles de vêtement ou d'alimentation ; ils ont vécu. Ils avaient, comme mineurs, donné une partie de leur vie, ils en ont reçu l'équivalent ; donnant donnant, partant quittes, et ils n'ont plus rien à prétendre. Mais celui qui leur a donné cet équivalent avait, lui aussi, acquis à ses dépens ce qui lui est payé par leur argent ou par leur or. Il a donc, comme eux, et à son tour, donné sa vie en échange de ce métal. Suivons aussi loin que nous le voudrons l'échelle des transactions ; et ce sera toujours la même chose.

Ainsi le marchand de lingots ou de poudre d'or qui a soldé ses acquisitions avec le fruit de son travail, qui a fait des frais pour transporter sa marchandise du pays de production dans le pays où elle doit être façonnée, et qui en dernier lieu l'apporte sous le balancier de la Monnaie pour en recevoir le montant en espèces, ce marchand se

dépouille en réalité d'une chose qu'il a payée de ses efforts
et de son temps, d'une représentation formelle de sa vie,
en d'autres termes, — tout comme ceux qui, au début, avaient
acquis cette chose au moyen des plus pénibles efforts. Cette
chose, ainsi obtenue, c'est le prix de ses jours, c'est le
prix de son sang. Qui donc oserait dire qu'elle ne lui appartient pas en pleine et absolue propriété, pour en faire
ce qu'il veut, tout ce qu'il veut? Or, maintenant, il demande, *moyennant rétribution*, au directeur de la Monnaie,
de lui rendre un service, le service de travailler sa marchandise et d'y apposer son cachet, son empreinte; et le
directeur lui rend *ce service* pour un prix convenu. Voilà
ce qu'il fait, pas autre chose; et il ne peut faire autre chose.
Le marchand a donné son lingot, et on lui a rendu, — dé-
duction faite des frais de monnayage, — son métal sous
forme de pièces. *Donnant, donnant ; partant quittes*, encore une fois. Ce qu'il a payé pour la façon, et ce qu'il a
livré de lingots en échange de ses pièces de monnaie (à
supposer que ce ne soit pas le même métal qu'on lui rende),
appartient désormais au directeur de l'hôtel des monnaies
ou à l'État; ce qu'on lui a livré, à lui, en échange de ses
lingots lui appartient au même titre, avec la même pléni-
tude de droit, et il peut en faire pareillement ce qu'il veut.

Il peut le jeter à l'eau, il peut l'enfouir, il peut le détruire ou le vendre, il peut le refondre pour le transformer de nouveau en lingots ou le convertir en bijoux et en
futilités quelconques. C'est sa vie qu'il avait donnée, c'est
sa vie qu'il a reprise, sauf à lui à en faire bon ou mauvais
usage, sous sa responsabilité, sans doute, mais sous sa responsabilité seule.

Loin de nous, donc, cette prétention fallacieuse et pué-
rile qu'il y ait dans l'apposition du signe de l'État quoi
que ce soit de sacramentel et de cabalistique qui change
la nature du disque sur lequel cette apposition est faite!
Il y a une mesure d'ordre, il n'y a rien de plus. L'homme
dont je citais tout à l'heure quelques paroles, Nicole
Oresme, a parfaitement caractérisé cette mesure en quelques mots; et il n'y a vraiment rien à ajouter et rien à

changer à cette vive et forte simplicité. « Le prince, dit-il, ne fait que *signer de l'impression honnête* » la pièce de monnaie qui lui est confiée pour recevoir sa marque. « Si aucun, dit-il encore, donne son pain ou le labeur de son propre corps pour pécune (1); quand il reçoit celle-ci de telle manière, certes, elle est *purement sienne*, pareillement comme était son pain ou le labeur de son corps, lesquels estoit en sa libre et franche puissance de le faire ou donner. »

C'est pourquoi, conclut-il, et conclurons-nous sans hésiter avec lui : « *La monnaie n'appartient pas au prince, elle est à ceux qui l'obtiennent* » (pourvu, bien entendu, qu'ils l'aient obtenue honnêtement). Ils peuvent en faire ce qu'ils veulent, absolument ce qu'ils veulent, excepté la falsifier, l'altérer, la rogner et la remettre ensuite dans la circulation, c'est-à-dire abuser de cette empreinte de bonne foi, mise au nom de tous et dans l'intérêt de tous sur leur chose, pour tromper, à l'abri de la parole publique, les gens qui recevraient d'eux, sans défiance, cet objet qui leur a été livré à eux sans fraude.

Ce n'est pas sans dessein que j'insiste, non sans quelque véhémence peut-être, sur ces idées depuis longtemps repoussées par la science, mais non effacées encore de tous les esprits ; car ce sont des idées non seulement fausses, mais dangereuses et funestes.

Ces idées ont conduit les sociétés maintes et maintes fois à la ruine ; elles ont donné insensiblement naissance aux théories les plus folles et les plus subversives ; et elles aboutissent infailliblement au discrédit, à la défiance et à la tromperie universelle. Et ce sont en même temps, je suis obligé de le répéter, des idées qui ont eu cours longtemps, bien longtemps, puisqu'on les retrouve à peu près à toutes les époques, jusqu'à la nôtre, parmi les peuples les plus civilisés du monde ancien et moderne, et dans notre pays, hélas ! non moins qu'ailleurs. Je ne sais même si je dois dire qu'elles ont eu cours ; car je connais des gens qui n'en

---

(1) Argent, dans le vieux français.

démordraient pas ; et il n'y a pas plus de cinquante ans (c'était
en 1857), il a été très sérieusement question de faire revivre, contre ceux qui se livreraient à l'exportation, à la
refonte ou au triage des monnaies, — autant valait dire
contre le commerce des métaux précieux, — les lois les
plus sévères, les plus dures, et je ne puis m'empêcher
d'ajouter les plus absurdes de l'ancien régime sur ce sujet.
N'allait-on pas jusqu'à proscrire et anathématiser l'affinage,
comme si le résultat n'en était pas tout bénéfice pour tout
le monde ? Et n'étaient-ce pas les mêmes gens qui enviaient
à l'Amérique et à l'Australie l'or de leurs sables, qui se
révoltaient à la pensée de voir mettre à nu, par une analyse plus exacte, l'or de nos vieilles pièces d'argent ? Qu'on
le trouve ici ou là, et qu'on l'extraie en plein champ ou dans
le laboratoire, par le *lavage* ou par le *départ* (1), l'or n'est-il
pas toujours de l'or, et n'était-ce pas comme une mine
nationale qu'avait découverte et qu'exploitait la science ?
Que si l'on ne veut pas, d'ailleurs, que la spéculation cor-
rige les erreurs du monnayage, il n'y a qu'à n'en pas com-
mettre ; et, comme le disait énergiquement à cette occasion
M. Michel Chevalier : « Ayez des pièces rigoureusement
droites de poids et de titres ; retirez soigneusement du
commerce celles qui cessent de l'être ; et personne ne s'oc-
cupera de ce que vous appelez le *billonnage*. » Mais repre-
nons notre sujet, car je n'ai qu'indiqué la cause du mal.

VIII

Au temps passé, donc, on s'était laissé prendre à cette
idée que la monnaie est une richesse d'une nature excep-
tionnelle, propriété sacrée et exclusive du prince ou de la
société prise en bloc ; et l'on avait érigé en dogme que c'é-
tait l'empreinte mise sur le métal par la puissance publique
qui lui donnait ce caractère inviolable. C'était, pensait-on,

---

(1) Nom de l'opération qui consiste à séparer les uns des autres les métaux
confondus dans un même lingot, ou une même pièce.

le sceau du souverain ou, comme on disait alors, l'image vénérable de son visage sacré, qui faisait seule sa valeur, et c'était en vertu de sa volonté suprême qu'elle circulait de main en main sans éprouver de refus. On ne trouve guère, je dois le dire, trace de cette théorie chez les Grecs, plus portés au commerce. Mais à Rome, dans ce même *Digeste* dont je citais au début de cette étude un passage, on trouve, à côté des paroles si sages et si remarquables du jurisconsulte Paul, d'autres dispositions bien différentes qui défendent de refuser la monnaie *revêtue de l'effigie du prince*, QUELS QUE PUSSENT ÊTRE D'AILLEURS LE POIDS ET LE TITRE DE CETTE MONNAIE. Inutile de dire que plus d'un empereur a profité de cette latitude ; et l'on a remarqué que l'on peut presque juger du caractère moral des princes par le plus ou le moins d'usage qu'ils ont fait de cette doctrine commode.

En face de ces tristes maîtres du vieux monde, et en regard de ces lois impies destinées à faire recevoir, sous peine de sacrilège et de lèse-majesté, pour valable ce qui n'était que revêtu de l'empreinte menteuse et déshonorée des traits d'un Néron ou d'un Domitien, on est heureux d'avoir à citer, comme une protestation éloquente de la conscience publique, la déclaration d'un grand souverain, —d'un souverain barbare, il est vrai, barbare par son origine, mais supérieur de beaucoup par l'esprit et le cœur aux Romains dégénérés dont il venait prendre la place, — le roi Théodoric. « Partout où est empreinte notre image, disait Théodoric, la bonne foi doit être entière ; car à qui aura-t-on confiance, si l'on est trompé officiellement au nom du souverain et sous la foi de son sceau ? *Quodnam erit tutum si in nostrà peccetur effigie ?* »

Hélas ! ce n'est pas le monde romain seulement qui a mis en oubli cette noble leçon.

Plus tard, chez nous et ailleurs, dans toute l'Europe, au moyen âge, et depuis, une doctrine a régné à peu près sans partage ; et ce n'était pas celle du roi Théodoric, c'était celle du *Digeste*, remise en vigueur par de trop complaisants jurisconsultes.

L'image de la majesté royale était la condition de la circulation de la monnaie, parce que c'était par elle qu'on se croyait assuré de la qualité de la monnaie ; les jurisconsultes concluaient que c'était cette image qui donnait l'être à la monnaie. La conséquence était claire, c'était que le souverain pouvait librement faire telle monnaie qu'il voulait, à tel titre et de telle substance qu'il lui plaisait ; et l'on considérait comme une de ses prérogatives les plus importantes, comme un de ses droits *régaliens* par excellence, ce droit étrange d'*augmenter* (cela voulait dire DIMINUER) les espèces, en réduisant le poids et le titre.

Elle serait longue, en vérité, bien longue et elle fatiguerait inutilement le lecteur, l'énumération des principaux seulement parmi les faits notoires d'altération et de falsification qui ont mis pendant des siècles le trouble dans toutes les transactions et dans tous les rapports entre les hommes. Je n'en citerai donc que quelques traits ; mais ils suffiront.

Le roi Philippe le Bel, — celui-là même que Dante a placé dans son enfer comme *faux monnayeur*, et auquel la vindicte populaire avait en effet décerné de son vivant ce titre trop mérité, — fit, en dix-neuf années, les dernières de son règne, vingt-deux altérations de monnaie. Le roi Jean, auquel l'histoire s'obstine à conserver (on ne sait trop pourquoi), le surnom de *Bon*, en dix ans, de 1351 à 1360, ne changea pas moins de soixante-onze fois la valeur de la monnaie. Il la changea notamment seize fois dans la seule année 1359 ; et l'on vit alors, au dire de Froissart, un tonnelet de harengs payé 30 écus d'or. Reste à savoir ce que c'étaient que ces écus d'or ; et je ne me charge pas de le dire.

Ce qu'il y avait de pire, en effet, dans ces incessantes variations, c'est qu'elles n'avaient pas lieu régulièrement dans un même sens, de telle façon qu'en donnant toujours plus ou moins, suivant le sens du mouvement, on pût, avec un peu d'adresse, arriver à peu près à son compte. Non ; elles avaient lieu tantôt en hausse et tantôt en baisse, selon l'humeur ou le besoin du moment.

Quand le roi avait à payer, il faisait *augmenter* (lisez diminuer) la monnaie ; et, quand il avait à recevoir, il la faisait *diminuer* (lisez augmenter) : s'arrangeant ainsi toujours pour donner moins qu'il ne devait et recevoir plus qu'on ne lui devait. Il l'espérait du moins ; mais il faut bien dire qu'à ce jeu, indépendamment des perturbations qui en résultaient dans les prix de toutes choses, il était aisé de se tromper, et que celui qui brouillait les cartes finissait par ne plus savoir trop bien où étaient les bonnes. Et c'est de là, en grande partie, qu'est venue, pendant le moyen âge, la puissance extraordinaire des changeurs, sans cesse à l'affût des variations, et concentrant sur ce point toute leur attention.

Armés d'instruments comme les Chinois, ils faisaient subir chaque jour à la monnaie altérée les constatations rendues nécessaires par la fraude officielle, et savaient ne la prendre que pour ce qu'elle valait. Sans eux, même, et sans l'espèce d'ordre qu'à des conditions fort dures parfois ils apportaient au milieu du désordre universel, il eût été pour ainsi dire impossible de s'y reconnaître, et les transactions n'auraient pu s'accomplir. Aux monnaies effectives, mais incessamment mobiles, qui encombraient le marché, ils substituaient, pour eux d'abord, et peu à peu pour le public, une *monnaie de compte*, c'est-à-dire une unité fictive, mais invariable, consistant en une quantité déterminée de métal fin, sans aucun égard aux déclarations vraies ou fausses des inscriptions officielles. Ainsi reparaissait la première des nécessités, une unité d'une valeur précise ; et c'est par cet office, le plus important de tous à cette époque, qu'ont débuté les banques. Payer en *argent de banque*, c'était payer à poids et titre connus et invariables.

Telles étaient ces altérations : et telles qu'elles étaient, il est bon de le dire, elles n'étaient pas toujours faites à mauvaise intention ; car, s'il ne faut jamais amnistier le mal, il faut prendre garde aussi de pousser la sévérité plus loin qu'il n'est juste. Nous trouvons dans le passé beaucoup de choses qui nous paraissent énormes et monstrueuses ; mais ce n'est pas toujours à dire que les hommes qui faisaient ces choses fussent pires que nous, et que le monde ne fût alors peuplé que de coquins et de misérables. La vérité est qu'il entrait dans toutes ces détestables pratiques de l'ignorance, qu'il y en entrait beaucoup, beaucoup plus, bien souvent, que de méchanceté et de fourberie proprement dites... « Tout vice », a dit La Fontaine, « provient d'ânerie ». Si c'est trop dire qu'il en provienne, au moins en est-il toujours mêlé, et surtout en ces matières. C'est ainsi que Jean le Bon, au milieu de ces remaniements qui avaient, comme on l'a dit, « affolé complètement la boussole de l'échange », avait la conscience en repos dans la pensée de son droit, et s'imaginait même parfois soulager ainsi ses peuples d'une partie des charges publiques, ce à quoi il n'aurait pu autrement « bonnement finer (arriver) ». Il les trompait et les volait effrontément, mais c'était pour leur bien..., et pour le sien aussi.

Erreur profonde, erreur funeste et erreur impardonnable ; car il n'est jamais ni permis ni possible d'arriver au bien en faisant le mal. Il y a toujours mécompte et il y a toujours faute à se détourner des voies nécessaires de la droiture et de la justice, et toute dissimulation tourne contre ceux qui l'emploient. Quand on a un paiement à demander, et quand on en a un à faire, le meilleur parti c'est encore de dire franchement ce qu'on demande et de se rendre exactement compte de ce qu'on doit. Et, qu'il s'agisse de dépenses publiques ou de dépenses privées, la règle est la même : c'est celle de la sincérité envers les autres et envers soi-même.

IX

Quoi qu'il en soit, les altérations se perpétuèrent (j'en passe et des meilleures) jusqu'au commencement du règne de Louis XV. On connaît la gêne des dernières années de Louis XIV, et ces emprunts contractés aux taux les plus élevés, au prix des plus amères humiliations, pour lesquels, tandis que le souverain faisait la cour au financier Samuel Bernard, le ministre Desmarets ne craignait pas de recourir à des procédés dont l'habileté aurait pu conduire plus loin qu'en prison l'imprudent qui se les serait permis pour ses affaires privées. Mais il y a deux morales, heureusement pour ceux qui pratiquent *la grande*. Après ces tristes jours de la triste vieillesse du grand roi, on essaya d'abord de maintes réductions sur les *papiers du roi*, et plus d'un rentier eut à pâlir « à l'aspect d'un édit qui retranche un quartier ». Mais ce ne fut pas assez, et l'on crut devoir soumettre la monnaie à une première refonte dans laquelle sa valeur intrinsèque fut réduite de 43 0/0. Peu après, en 1720, une nouvelle opération eut encore pour résultat une diminution de 50 0/0.

Ce fut, je dois le dire, la dernière fois que les monnaies furent *augmentées* en France. Mais en 1779 encore, il restait dans les esprits, même chez les hommes le plus haut placés, de telles racines de ces anciennes erreurs, que Mirabeau a pu citer une circulaire de cette date, dans laquelle le Directeur des Monnaies, si je ne me trompe, reproche à ses agents de ne pas faire les pièces assez *faibles*, pour que le roi y trouvât bénéfice suffisant. C'était en effet un bénéfice prévu, et qui avait même un nom, un joli nom : on l'appelait *faiblage*, ou *remède de poids*, pour le distinguer du *remède d'aloi*, ou abaissement du titre.

Les mêmes pratiques, dans d'autres pays, se sont perpétuées beaucoup plus tard. En 1772 et en 1786 encore, il y eut des altérations de monnaie parfaitement patentes en Espagne. A Mexico, on faisait mieux. Quand on recevait un essayeur des monnaies, on lui remettait, avec son diplôme, un poids d'essai qui marquait 11 deniers, mais qui ne pesait en réalité que 10 deniers et 20 grains, de sorte qu'officiellement, et en vertu de sa charge, il était tenu de se servir d'un poids faux pour tromper plus régulièrement le public. Les anciens noms des monnaies sont là, d'ailleurs, pour attester ce qu'ont été leurs dépréciations successives : notre *livre*, au siècle dernier, était réduite au

87· de son poids primitif. Le maravédis d'Espagne a fait de bien autres chutes. De 17 à 18 francs d'or, il en est venu peu à peu à ne plus contenir que 1 centime 1/2 de cuivre. Encore une fois, ne soyons pas trop scandalisés. Cette théorie aujourd'hui ne soutient pas l'examen. Elle paraît monstrueuse, et elle l'est, en effet, comme le paraîtront peut-être bientôt, à nos descendants, et comme le sont très probablement, au fond, plus d'une des idées que nous professons aujourd'hui nous-mêmes; car évidemment le monde ne marche que par étapes, et nous ne pouvons faire autre chose qu'amoindrir et restreindre d'âge en âge le lot primitif d'erreurs et de douleurs par lequel nous avons débuté. Cette théorie, je le répète, était monstrueuse, mais c'était de la meilleure foi du monde que la plupart des souverains, au moyen âge, l'adoptaient et la pratiquaient. Peut-être seulement leur intérêt, tel qu'ils l'entendaient alors, aidait-il quelque peu à leur conviction. On croit aisément ce qu'on aime à croire, et la volonté, a dit Pascal, est un des principaux ressorts de la foi.

J'ai nommé Philippe le Bel. Voici comment, dans son ordonnance du 16 janvier 1346, ce prince affirme et proclame ses droits :

« A Nous et à Notre Majesté Royale appartient seulement, et pour le tout, en Notre Royaume, le métier, le fait, la provision et toute l'ordonnance de monnaies ; et de faire monnayer telles monnaies, et donner tel cours, et pour tel prix, *comme il nous plaît, et comme bon nous semble.* »

Jean le Bon, le 20 mars 1361, tient absolument le même langage. « A Nous seul, dit-il, et pour le tout, de Notre droit royal, pour tout Notre royaume, appartient de faire telles monnaies, *comme il nous plaît et de leur donner prix.* »

Ceux qui ne falsifiaient pas directement les espèces prélevaient au moins, sur chaque fonte, indépendamment du droit de *brassage* destiné à couvrir les frais de fabrication, un droit dit de *seigneuriage,* fondé uniquement sur cette qualité de seigneur suzerain, et qui montait parfois très haut ; cela ne contribuait pas à les détourner des refontes.

Le plus honnête, sans contredit, des rois et des hommes, saint Louis, prenait à ce titre 7 0/0 ; et la province de Normandie, pour s'exempter des réductions et refontes, s'était soumise volontairement à un impôt spécial, appelé *l'aide de monnéage*, qui était exigible tous les trois ans. Je n'oserais affirmer que cette *assurance* contre le mal monétaire ait toujours été efficace. Ce que je sais, c'est que, de siècle en siècle, de règne en règne, presque sans modification, les mêmes déclarations sont répétées et le *droit royal* de taxer les monnaies est affirmé sans restriction. Faut-il s'en étonner beaucoup, lorsqu'on voit que le droit *de travailler*, c'est-à-dire de vivre, est, dans les anciens édits des rois, un *droit domanial et royal*, dont il dépend d'eux de faire payer la concession, et, comme le dit encore Louis XIV, dans l'édit de 1691, « qu'il n'appartient qu'à Nous de faire des maîtres ès-arts » ? Les rois, dit le même Roi dans ses *Instructions au Dauphin*, sont seigneurs absolus, et *la vie de leurs sujets leur appartient*. Il est vrai qu'il ajoute qu'il faut avoir d'autant plus de *soin de la conserver*. Il ne faut pas gaspiller son bien, et Louis XIV savait où mène la prodigalité.

Il a fallu le sentiment croissant de la dignité humaine et de l'indépendance naturelle de tous les hommes, mais il a fallu aussi l'étude de la science dont je cherche à exposer ici quelques points ; il a fallu l'étude attentive et persévérante de la science économique, l'analyse exacte des questions souvent complexes qu'aborde cette science, pour arriver à dissiper ces confusions et à faire justice de ces sophismes. C'est cette science, peu attrayante parfois dans ses investigations, mais grande par ses résultats, qui a fait reconnaître que, partout, la vraie théorie de la richesse est la théorie de la probité, et que le juste mène à l'utile. C'est elle qui a démontré qu'on ne gagne jamais rien à tromper personne ; et que, plus les hommes sont traités avec équité, j'ajouterai volontiers (car je ne crois pas céder en cela à un entraînement irréfléchi, et c'est un sentiment que la science est loin de désavouer quand il n'émane que de la liberté et n'est pas une charité contrainte et menteuse), plus les hommes sont traités avec bienveillance et amour, et plus tous les intérêts sont sauvegardés, plus le travail se développe et devient fécond ; plus grandit enfin, avec la prospérité privée, la prospérité publique, qui n'est que son couronnement et son fruit.

X

Et maintenant sait-on quelle était, à ces époques de fraude et d'altérations incessantes, la législation sur le faux monnayage ? Peut-être s'imagine-t-on qu'elle n'a pu être que d'une sévérité équivoque, et que les rois, si habituellement adonnés à la falsification des espèces, n'ont pu réprouver qu'avec un certain embarras ce qu'ils pratiquaient si hardiment au grand jour. Patrons, en quelque sorte, de la corporation des faux monnayeurs, ils ont dû avoir sans doute, pour leurs obscurs confrères, sinon une bienveillance bien vive, au moins quelque indulgence et quelque respect. Hélas! ils avaient contre eux bien plutôt les sentiments implacables de monopoleurs que la concurrence irrite; et la législation sur le faux monnayage était, dans toute l'Europe, d'une barbarie, d'une dureté, d'une atrocité dont rien ne pourrait donner l'idée.

Ainsi, au début de notre histoire, sous le roi Chilpéric III, en 744, on coupe le poing aux faux monnayeurs. Cette pratique se transmet sans altération pendant plusieurs siècles, et Louis-le-Débonnaire, en 819, Charles-le-Chauve, en 864, renouvellent les dispositions cruelles de 744. Si le bon, mais rigide saint Louis modifie le châtiment, c'est pour ordonner de crever les yeux aux coupables. La plupart des coutumes provinciales prononcent contre eux la peine de mort ; et tantôt on les brûle vifs, tantôt on les plonge dans l'eau bouillante. Sous Richelieu, une chambre spéciale, une chambre *ardente*, — le mot peint la chose, — est instituée à l'Arsenal ; et, de 1610 à 1633, on ne compte pas moins de 500 condamnations à mort pour crime de fausse monnaie. Enfin, jusqu'à la Révolution française, ce crime reste puni de mort. C'est la Constituante, le 25 septembre 1791, qui la première abolit cette peine, pour y substituer celle de quinze années de travaux forcés. Mais la mort reparaît en 1810 dans le nouveau Code pénal (1), et elle n'en disparaît que lors de la révision de 1832, pour céder de nouveau la place aux travaux forcés à perpétuité et à temps.

Et pourtant, il faut dire les choses comme elles sont, au risque d'étonner un moment peut-être quelques personnes, certes, c'est un crime, un véritable et inexcusable crime, que d'altérer la monnaie, que de réduire sciemment et à mauvaise intention la valeur de ce gage qui circule pour tous sous la foi de la conscience publique; mais ce crime pourtant n'est pas autre chose qu'un vol, un vol très grave, un vol entouré de circonstances qui sont de nature à le faire voir avec horreur par tout le monde, et à attirer sur ceux qui le commettent une exécration universelle, mais un vol enfin, et rien de plus : un abus de confiance, une escroquerie frauduleuse, moins coupable, après tout, que bien des actes de violence et d'immoralité, vus avec infiniment plus d'indulgence par le législateur, sinon par l'opinion.

Et c'était pour ce fait que la peine de mort était prodiguée, avec les circonstances les plus terribles et les plus odieuses; que des malheureux étaient mutilés et aveuglés; que l'échafaud était sans cesse debout; que l'eau et les bûchers cuisaient à l'envi la chair des hommes! Et pendant ce temps, à côté de ces voleurs, réduits à opérer obscurément et en petit dans quelque caverne, à côté de ces misérables, poussés peut-être par la faim, mais provoqués, en tout cas, par l'exemple éclatant d'en haut, et alléchés par l'appât des bénéfices que rendait possibles l'énormité des altérations officielles ; — pendant ce temps, à côté de ces pauvres diables, sur le trône, avec le pres-

---

(1) Art. 132. — La peine de mort est prononcée par cet article contre ceux qui auraient altéré ou falsifié les monnaies d'or et d'argent. L'altération des espèces de cuivre ou de billon est punie des travaux forcés à perpétuité (art. 133).

tige de la puissance suprême et croyant exercer un des droits inaliénables attribués à cette puissance, le gardien même de la probité commune, devenu un faussaire de profession, un voleur officiel et public, pratiquait en grand et d'une manière cent fois plus dommageable ces mêmes procédés de fraude et de dol!

Évidemment la balance n'était pas égale, et il y avait là un contraste qui choquait la plus vulgaire équité. Il y avait une barbarie inutile, ce n'est pas assez dire, une barbarie dangereuse; et dans l'intérêt même du respect de la loi, il était nécessaire d'adoucir la loi. Car ce n'est pas en prodiguant sans mesure les peines atroces, c'est en graduant comme il convient la répression des fautes pour l'approprier aux différents cas, que l'on parvient à assurer peu à peu l'observation des prescriptions communes et le respect de la probité. C'est lorsque personne ne peut se flatter d'échapper à la divulgation et aux conséquences de ses actes coupables; ce n'est pas lorsque chacun voit se dresser devant lui à toute heure l'épouvantail des châtiments les plus excessifs, ces tortures disparues, il y a moins d'un siècle, de notre législation encore barbare, ces chevalets et ces roues étalant à toute heure au grand jour, au milieu des cités, et jetant à la foule avide les lambeaux affreux de corps encore palpitants; non ce n'est pas en présence de ces spectacles lamentables qui finissent par éteindre l'âme et par tarir en elle à la fois le sentiment de la crainte et celui de la pitié, qu'on peut se flatter jamais de voir disparaître le crime et fleurir l'innocence. L'exagération ne sert de rien, et en forçant le ressort on le brise.

Oui, je le crois, quant à moi (et l'histoire, au besoin, ne m'en fournirait que trop d'exemples), l'impression qui résulte de ces châtiments exagérés et multipliés sans mesure n'est pas celle qu'on s'en promet ; c'est l'impression contraire. Ce n'est pas la crainte, cette crainte salutaire qui est le commencement de la sagesse, c'est la férocité et la colère. Ce n'est pas le respect de la société et de l'homme, c'est la haine de cette société, qui se plaît à frapper si fort, et le mépris de la vie humaine, que les hommes chargés de donner l'exemple estiment si peu. Ce ne sont pas là, qu'on le sache bien, de vaines paroles. Nous respirons tous, au moral aussi bien qu'au physique, l'atmosphère commune au sein de laquelle nous sommes plongés; et, quand nous vivons dans une atmosphère d'arbitraire, de dureté, de violence, de cruauté, nous prenons insensiblement des habitudes d'arbitraire, de violence et de cruauté.

Quand, au contraire, nous respirons dans une atmosphère de paix, de douceur et de justice, nous prenons des habitudes de justice, d'indulgence et de paix. Et c'est pourquoi dans ce qui a été fait, dans ce qui sera fait encore pour adoucir, en la rendant plus certaine, la répression des fautes commises contre la société, il faut voir, à mon avis, non pas, comme quelques-uns le soutiennent, un affaiblissement, mais un affermissement de cette répression, un acheminement vers un état supérieur de moralité et de justice.

Et c'est pourquoi encore, et pour en revenir au sujet spécial qui nous occupe, la puissance publique aurait gagné beaucoup, d'abord à donner le bon exemple, comme il faut reconnaître qu'elle le fait généralement aujourd'hui en Europe, en respectant le titre et le poids des monnaies; et elle aurait gagné beaucoup aussi à se montrer à la fois plus vigilante et moins dure, moins atroce et moins excessive dans le châtiment de crimes qu'elle n'avait pas le droit de juger sans pitié. Nous avons fait, Dieu merci! de grands pas dans cette voie; mais il nous en reste à faire, et nous les ferons. Nous les ferons, n'en doutons pas; car si chaque jour a sa peine, chaque jour aussi doit avoir sa récompense, et cette récompense, c'est un progrès nouveau.

J'ai fini, cher lecteur, pour cette première partie du moins, car ma tâche est vaste, et il s'en faut de beaucoup qu'elle soit près d'être achevée. J'ai exposé des idées qui ont longtemps égaré les sociétés et entravé le développement de leur richesse en les détournant de la voie de la justice. Bien peu de gens, j'aime à le croire, conservent encore ces idées dans ce qu'elles avaient d'absolu aux siècles passés. Bien peu, de nos jours, professeraient sans atténuation la doctrine de la toute-puissance de l'État à l'égard de la monnaie, aussi bien qu'à l'égard du travail, dont elle est la rémunération et le gage. Bien peu oseraient, je ne dis pas glorifier, mais excuser le souverain qui, sciemment et de propos délibéré, entreprendrait d'abuser de la foi publique, en altérant les espèces dont la sincérité est commise à sa garde. Mais ces énormités, désormais abandonnées ou reniées, n'ont pas disparu sans laisser de vestiges ; et il n'est que trop aisé de signaler des doctrines, affaiblies sans doute, mais répandues encore, mais vivaces, mais persistantes, dont la parenté avec les précédentes n'est que trop réelle, et qui tendent à assigner à la monnaie un autre caractère, un autre rôle que ceux qu'il importe de lui reconnaître. Il subsiste sur les fonctions du papier, sur celles du crédit, sur la nature véritable de la richesse publique et de la richesse privée, des illusions et des confusions graves, dangereuses, qui circulent partout, dans les journaux et dans les livres ; qui existent, très probablement, à l'état latent au moins, dans l'esprit de plus d'un parmi ceux qui me lisent, et qu'il importe au plus haut degré d'éclaircir, de dissiper, de détruire, pour leur substituer des notions plus vraies et plus justes. Ce n'est pas assez dire, les seules vraies et les seules justes ; les seules avouées par l'équité et par la science ; les seules qui puissent conduire, sans illusion et sans violence, au développement régulier et continu des sociétés, en assurant le respect raisonné de tous les intérêts et de tous les droits.

C'est cette seconde partie de ma tâche que je vais essayer d'accomplir, en esquissant, dans de nouveaux chapitres, l'histoire du papier-monnaie et du crédit.

PAPIER-MONNAIE ET CRÉDIT

« Dans une île près des Orcades, il naquit un enfant qui avait pour père Eole, Dieu des vents, et pour mère une nymphe de Calédonie. On dit de lui qu'il apprit tout seul à compter sur ses doigts, et que, dès l'âge de quatre ans, il distinguait si parfaitement les métaux que, sa mère ayant voulu lui donner une bague de laiton au lieu d'une bague en or, il reconnut la tromperie et la jeta par terre. Dès qu'il fut grand, son père lui apprit le secret d'enfermer les vents dans des outres qu'il vendait ensuite à tous les voyageurs ; mais comme la marchandise n'était pas fort prisée dans son pays, il le quitta et se mit à courir le monde, en compagnie de l'aveugle Dieu du hasard.

« Il apprit dans ses voyages que, dans la Bétique, l'or reluisait de toutes parts ; cela fit qu'il y précipita ses pas. Il y fut mal reçu de Saturne, qui régnait en ce temps. Mais ce Dieu ayant quitté la terre, il s'avisa d'aller dans tous les carrefours, où il criait sans cesse d'une voix rauque : « Peuples de Bétique, vous croyez être riches, parce que « vous avez de l'or et de l'argent ! Votre erreur me fait pi- « tié. Croyez-moi, quittez le pays des vils métaux, venez « dans l'empire de l'imagination, et je vous promets des « richesses qui vous étonneront vous-mêmes. » Aussitôt il ouvrit une grande partie de ses outres, et il distribua sa marchandise à qui en voulut.

« Le lendemain, il revint dans les mêmes carrefours, et il s'écria : « Peuples de Bétique, voulez-vous être riches ? « Imaginez-vous que je le suis beaucoup, et que vous l'êtes « beaucoup aussi. Mettez-vous tous les matins dans l'es- « prit que votre fortune a doublé pendant la nuit ; levez- « vous ensuite ; et, si vous avez des créanciers, allez les « payer de ce que vous avez imaginé, et dites-leur d'ima- « giner à leur tour. »

C'est en ces termes que Montesquieu, au xviii° siècle,

avec un esprit un peu forcé peut-être, mais en traits vifs
et parfaitement reconnaissables, à coup sûr, s'amusait à
peindre un personnage étrange qui, pendant plusieurs années, venait de mettre la France entière, pour ainsi dire,
sens dessus dessous (1), le célèbre Law, l'inventeur de la
Banque du Mississipi. Ce conte qui, malheureusement pour
nos aïeux, n'en était pas un, et la vieille fable du roi Midas, réduit à maudire le don fatal qui l'exposait à mourir
de faim au milieu de ses trésors, indiquent bien mieux
que je n'aurais pu le faire par un exposé personnel quelle
sera la simple et naturelle division de ce travail.

J'aurais, certes, bien d'autres choses à dire ; j'aurais de
nombreuses et d'importantes lacunes à combler, des aper-
çus nouveaux à signaler, etc. Mais il ne faut vouloir que
ce que l'on peut ; et mieux vaut, je crois, plutôt que d'affaiblir l'attention en la dispersant, la concentrer sur ce qui
est vraiment essentiel. Je m'en tiendrai donc aux deux
points que je viens de marquer, sauf, si j'en trouve l'occasion, à rappeler rapidement en passant, en quelques mots
seulement, quelques-uns des aspects du sujet que je suis
forcé de laisser de côté.

Ces deux points principaux sur lesquels je veux m'arrêter, ce sont ces deux grandes erreurs, contraires en apparence, voisines au fond, et conduisant également à faire
prendre l'image pour la réalité et l'ombre pour la proie :
l'une qui consiste à rabaisser la monnaie et l'autre à l'exal-
ter outre mesure ; l'une qui proclame que la monnaie est
tout, et l'autre qui déclare qu'elle n'est rien ; l'une qui
affirme qu'en dehors des métaux précieux il n'y a pas de
richesse, et l'autre qui soutient que ces métaux précieux ne
jouissent que d'un prestige menteur, et qu'il est temps de
les détrôner d'une royauté usurpée.

---

(1) La publication des *Lettres Persanes* est de 1721, l'année même du
départ de **Law**.

I

Sur le premier point, sur cette exagération qui consiste à voir toute la richesse dans la monnaie et dans les métaux précieux, — confondant ainsi les choses avec le gage provisoire qui les représente ; — il semble, en vérité, que la fable que je rappelais tout à l'heure soit une leçon suffisante, et qu'il n'y ait pas lieu à une discussion sérieuse. Nous savons bien, en effet, qu'on ne vit pas d'or et d'argent ; qu'on ne s'en nourrit ni ne s'en habille ; et que les plus riches trésors, quand on ne veut à aucun prix s'en dessaisir, ne préservent leurs détenteurs d'aucun véritable dénuement.

« Mettez une pierre à la place »,

fait dire La Fontaine au bonhomme qui pleure ses écus, auxquels « il ne touchait jamais ».

« Elle vous vaudra tout autant. »

Et ailleurs :

« Diogène, là-bas, est aussi riche qu'eux,
Et l'avare, ici-haut, comme lui vit en gueux. »

Et cependant cette confusion, je devrais dire cette aberration, a tenu dans l'histoire une grande place ; elle en tient, aujourd'hui encore, dans la législation et dans l'opinion des peuples même les plus avancés, une si considérable qu'il n'est pas possible de ne pas lui en donner une importante dans une étude, même rapide, sur la monnaie.

Sans doute les métaux (et nous l'avons déjà vu) sont *de la richesse*. Ils sont de la richesse, parce qu'ils permettent de satisfaire des besoins qui, s'ils ne sont pas précisément de premier ordre, sont cependant réels et habituels. Ils satisfont, tout le monde le sait, certains goûts fort vifs de parure, de luxe, d'ornement, d'art ; je dirai plus, ils ont, et ils sont destinés à avoir de plus en plus, des applications industrielles d'une notable importance. Nul doute, par exemple, que l'or, — ce métal réservé jusqu'à présent à de rares usages, — ne soit, précisément par ce merveilleux ensemble de qualités physiques que j'ai énumérées, — par son inaltérabilité et sa malléabilité notamment, — un métal industriel au plus haut degré. S'il était possible de disposer de lui plus largement pour les arts et pour mille emplois domestiques et manufacturiers, dans lesquels l'oxydation est un danger perpétuel et un perpétuel souci, ce serait certes un avantage inestimable.

Les métaux précieux sont donc de la richesse par eux-mêmes, par leurs usages directs. Ils sont de la richesse aussi, et tout spécialement, par cette propriété qu'ils ont, grâce à leurs qualités physiques encore, de se prêter, mieux que d'autres, à l'office de monnaies. Ils deviennent, en tant que monnaies, des agents utiles et universels de circulation et d'échange. Ils facilitent ainsi, par la distribution, la production et la consommation ; et ils contribuent dès lors à accroître dans une large mesure (je ne reviens pas autrement sur ce que j'ai dit à cet égard) le développement du bien-être et de la richesse.

Mais, entre ces deux choses : être *de la* richesse, *une* richesse réelle et sérieuse, et être *la richesse*, la richesse par excellence, la seule richesse, quelle distance ! Qu'il y a loin de cette utilité que je ne nie pas, que je constatais au contraire à l'instant même, à l'utilité, moins brillante, mais plus solide, de ces métaux réputés inférieurs, selon le langage vulgaire, mais en réalité supérieurs de beaucoup ! Combien les surpassent d'autres corps d'un prix moins élevé, d'un toucher et d'un aspect parfois peu agréables, sinon même répugnants, mais propres à tant d'emplois pour lesquels ils seraient presque impossibles à suppléer ; ce fer qui devient, à mesure que l'outillage se développe, le nerf, pour ainsi dire, de l'industrie tout entière ; ce zinc qui couvre nos bâtiments et nos demeures ; ce cuivre qui double nos navires ou reçoit dans nos ménages la charge de tenir sur le feu nos aliments ; cet acier, enfin, qui arme le fer lui-même et forme comme le tranchant invulnérable de la main humaine ! Et les objets de consommation jour-

nalière, les articles de vêtement, d'alimentation, le linge,
les habits, les chaussures, les légumes, le blé, la viande,
les maisons! Est-ce que toutes ces choses ne sont pas de
la richesse, de la richesse d'un autre ordre si l'on veut,
mais d'un ordre plus élevé, en ce cas, plus important, plus
incontestablement *précieux* que les métaux ainsi nommés
qui leur servent d'équivalents et d'intermédiaires? Est-ce
qu'une mine de charbon ne vaut pas mieux qu'une mine
d'or? Car ce n'est rien moins qu'une mine de chaleur, de
lumière, de force et de travail. Et n'avaient-ils pas cent
fois raison, ces mineurs anglais qui, à la première Exposition universelle, en face du merveilleux diamant qui atti-
rait tous les regards, de cette *Montagne de lumière* aux
feux éblouissants, avaient placé la sombre masse d'un bloc
noir extrait d'une de leurs houillères, avec cette inscrip-
tion aussi simple que fière: « *Voilà le grand Kohinoor de
l'Angleterre?* »

II

Comment donc a pu se produire une erreur si grossière, qui a fait des métaux précieux la richesse unique,
et par quelle voie est-on arrivé à cette confusion si
étrange et, nous le verrons, si funeste? On y est arrivé par
une voie bien simple, et rien n'est plus facile que de
retrouver la filiation logique des idées qui y ont conduit.
On a vu, en raison de leur valeur propre, en raison des
avantages qu'ils possèdent en eux-mêmes, les métaux monnayés ou monnayables devenir habituellement, régulièrement, les *représentants* des autres biens. On les a vus
tenir plus ou moins longtemps dans les mains des hommes la place de toutes choses, et constituer le moyen le
plus apparent, — sinon le plus réel, — d'acquérir et de se
procurer mille ressources qu'ils ne sauraient en aucune
façon remplacer (car, encore une fois, on ne mange ni
l'or ni l'argent), mais dont ils sont, en tant que promesse

valable, comme une prise de possession anticipée. On les a vus, grâce à la faculté toujours ouverte de se défaire d'eux, et de s'en défaire à des conditions approximativement connues d'avance, constituer l'intermédiaire habituel pour parvenir, au jour du besoin, à la jouissance et à la consommation de ces objets de satisfaction définitive qui sont la véritable richesse.

Dans un état social où ne manquent pas les choses à acheter, on est riche, en effet, quand on peut payer beaucoup de ces choses; et l'on paye en monnaie, ou du moins, c'est en monnaie que l'on compte. Comment ne pas se sentir porté à voir plus ou moins la richesse dans ce qui la mesure, et à l'identifier avec l'instrument qui la procure? Et pourtant, si dans tel ou tel cas particulier cela peut être supposé vrai à la rigueur ; si l'on conçoit que tel individu, à tel moment, puisse réellement tenir presque toute sa fortune dans son coffre-fort ; dans la plupart des cas, pour les individus presque toujours, et pour les sociétés toujours, c'est une illusion du même genre que celle qui consisterait à prendre pour les réalités les chiffres qui les expriment et à confondre sérieusement la substance des choses avec leurs noms. On *évalue* la richesse en monnaie, comme on évalue les dimensions en mètres et les poids en kilogrammes ; et l'on dit d'un homme ou d'un peuple qu'il possède tant de centaines de francs, ou de milliers, ou de millions, ou de milliards absolument comme on dit tant de kilogrammes de pierre ou tant de mètres d'étoffe. Mais, dans un cas comme dans l'autre, l'*unité* employée ne figure dans ces évaluations qu'à l'état abstrait, comme procédé de calcul, comme terme de comparaison ; et il n'y a pas là autre chose, à proprement parler, que ce que l'on appelle, en arithmétique, un *dénominateur commun*. Il en fallait bien un pour s'entendre dans les opérations d'échange; et il fallait bien que l'unité de valeur fût une valeur, tout comme l'unité de longueur est une longueur, puisqu'en définitive les semblables ne se mesurent que par les semblables.

Il est si vrai que telle est bien, en effet, la fonction de

la monnaie, le *numéraire* est si bien avant tout un agent
de *numération,* qu'il n'est personne, très certainement (et
sans parler de la nécessité manifeste d'user, c'est-à-dire
de se défaire de son argent pour en jouir), qui ait jamais
réalisé à la lettre l'hypothèse extrême de ne posséder que
des espèces : dans la plupart des cas, il ne serait même
pas possible d'en approcher. On embarrasserait fort le plus
riche banquier en lui demandant de montrer en espèces le
quart ou le dixième seulement de ses millions ; et une
nation serait bien à plaindre s'il lui fallait, à un moment
donné, réaliser la vingtième partie de la fortune publique.
On estime à plus de 100 milliards, en France, la seule
propriété foncière ; à 20, au moins, la production an-
nuelle ; et l'on n'y trouverait guère qu'environ 6 milliards de monnaie : le double, et moins hélas! du montant de l'impôt. Encore est-ce trop ; car l'Angleterre, pour
plus de richesses et d'affaires, n'en a pas la moitié. La to-
talité de l'or et de l'argent monnayé répandu sur la surface du globe n'est pas, au dire des hommes les plus compétents, de plus de 35 à 40 milliards (1). Grâce à Dieu, ce
chiffre est loin d'être l'expression de leur véritable richesse.
Si la confusion était facile, on voit qu'elle est grave.

Facile ou non, toujours est-il qu'elle est générale ; et pendant de longs siècles, la politique habituelle des nations,
leur politique intérieure et leur politique extérieure, n'a été,
en quelque sorte, que l'application et le développement
de cette erreur.

Elle a prévalu surtout, par un entraînement assez con-
cevable, après la découverte de l'Amérique. A cette époque, par suite des invasions des barbares, des troubles du
moyen âge, de l'épuisement ou de l'abandon des anciennes mines, de la disparition croissante de l'argent caché,
perdu ou usé, les métaux précieux étaient véritablement
devenus rares : l'instrument d'échange faisait sensible-

---

(1) La production totale des mines, depuis la découverte de l'Amérique,
est évaluée à 60 milliards environ. Lire sur la « question de l'or », l'article
de M. Yves Guyot, dans la *Revue Internationale du Commerce, de l'Industrie et de la Banque,* n° du 31 mars 1908, pages 13 et suivantes.

ment défaut à l'industrie et au commerce renaissants, et la valeur s'en était naturellement accrue d'autant. Ce fut alors que, tout à coup, vinrent s'ouvrir devant le monde européen ces mines nouvelles dont la richesse inattendue semblait littéralement inépuisable.

En présence de besoins si vivement sentis et de moyens subits et si abondants de satisfaire à ces besoins, comment ne pas penser que l'on venait de trouver dans ces mines du nouveau continent précisément le remède aux embarras dont souffrait l'ancien et la source nouvelle d'une prospérité sans limites ? Les plus sages s'y laissèrent prendre ; et sur cette donnée fut assise toute une doctrine, — la doctrine de la *balance du commerce* ou *système mercantile*, — qui, peu à peu, s'est implantée partout et n'a cessé, à peu près jusqu'à nos jours, de dominer, pour leur malheur, toutes les relations des peuples entre eux. C'est le pays qui, le premier, a mis la main sur l'or de l'Amérique, l'Espagne, qui le premier a mis en pratique cette doctrine fatale. C'est lui aussi qui en a le plus cruellement senti les douloureuses conséquences. Il avait, en vérité, mieux à faire ; mais il ne savait pas ce que nous savons, puisque c'est à ses dépens que nous l'avons appris.

Reportons-nous un instant par la pensée à cet événement mémorable. L'Espagne était une des premières et, à quelques égards, la première peut-être des nations de l'Europe. Elle était, relativement au moins, riche et puissante. Son agriculture, son industrie, son commerce étaient florissants ; son activité et son énergie, soutenues par huit siècles de luttes contre les envahisseurs de son sol, avaient atteint leur apogée, et la chute du dernier rempart de l'islamisme lui permettait enfin de les déployer en liberté, au dedans et au dehors. C'est à ce moment, et comme un premier prix de cette activité entreprenante, qu'elle voit tout à coup s'ouvrir devant elle un monde nouveau et immense, des espaces sans bornes, doués de toutes les aptitudes du climat le plus varié, propres à toutes les cultures, remplis de productions inconnues et précieuses, habités d'ailleurs par des populations douces, intelligen-

tes, parvenues même, sur plus d'un point, à une civilisation
avancée et brillante, et dont, avec un peu d'humanité
et de douceur, il eût été facile de se faire des auxiliaires
et des amis. Quelle fortune ! Quelle occasion incompara-
ble de travail et d'échange ! Quel aliment pour son habile
et audacieuse marine ! Quelles ressources pour attirer à
elle, sans violence et sans fraude, tout un vaste et nouveau courant du commerce, bien autre, en vérité, que celui
qui avait fait la grandeur de Tyr, d'Alexandrie et de Ve-
nise, et pour devenir entre les continents et les races la
pourvoyeuse commune du bien-être et de la paix ! Voilà
le rôle que pouvait remplir l'Espagne et le programme qui
semblait tracé pour elle.

<h2 style="text-align:center">III</h2>

La découverte de l'Amérique pouvait être pour l'Espagne une bénédiction, car elle pouvait être un champ sans
limite ouvert à son travail et à son commerce.

Mais l'Espage fut comme ces hommes laborieux et éco-
nomes que trouble et qu'égare tout à coup un héritage
inattendu : elle ne sut pas soutenir sa nouvelle fortune.
Elle fut éblouie, fascinée par la vue de cet or que n'avait
pas lentement amassé le travail ; et elle ne vit dans ses
possessions nouvelles qu'une chose : le moyen de se procurer de l'or directement et sans production préalable, la
possibilité d'être riche, riche à jamais, plus riche qu'aucune des autres nations, et, par conséquent, plus puissante
et plus forte. Que fallait-il pour cela ? Confisquer au profit
de la métropole les inutiles trésors accumulés par les souverains de l'Amérique, et ajouter incessamment à ces trésors le produit d'une active exploitation des mines ; puis
garder pour soi, pour soi seule, tout ce qu'elle aurait pu ainsi
amener à travers les mers, le retenir par les plus jalouses
précautions au dedans de ses frontières, et élever ainsi, de
plus en plus, au-dessus de la pauvreté comparative du

reste du monde, le niveau de l'or et de l'argent sur le sol espagnol. Les sources du Pactole étaient retrouvées ; il ne s'agissait que d'en recueillir les flots intarissables et de s'arranger pour n'en rien laisser perdre.

Ainsi pensèrent, à ce qu'il paraît, les politiques du temps ; ainsi pensa, notamment, le plus célèbre de tous, le plus puissant et le plus renommé des monarques d'alors, la terreur et l'envie de toute l'Europe, Charles-Quint, roi d'Espagne et empereur d'Allemagne. Ce fut ce prince qui, érigeant en système de gouvernement ce qui n'avait été jusqu'alors qu'un instinct irréfléchi de cupidité et d'avarice, édicta en ce sens toute une législation qui avait au moins le mérite d'être conséquente. Une première disposition la peint tout entière. L'Espagne a toujours été renommée pour l'abondance et la variété de ses mines, et ses mineurs étaient alors justement célèbres. Charles-Quint leur fit défense de travailler désormais les métaux *vils* (ainsi nommait-il ces antiques et premières richesses de son sol), afin de les contraindre par l'oisiveté et la misère à aller chercher au delà des mers, pour les exploiter, des mines plus dignes de leurs talents. Cet étrange procédé n'ayant pas suffi, l'on ne s'arrêta pas en si beau chemin, et l'on eut recours aux indigènes. Vous savez ce qui en résulta. Cette population indigène de l'Amérique, que Colomb nous peint, dans ses premiers récits, en termes si touchants, si attendrissants ; cette race craintive et innocente, qui ne demandait qu'à aimer et à servir une race plus énergique et plus avancée, et dont Colomb avait dit que « mille d'entre eux fuiraient devant trois ou quatre Espagnols », se vit, par le plus odieux abus de la force, condamnée en masse au travail forcé le plus écrasant. Elle devint esclave, *esclave des mines*, et n'eut plus d'autre emploi que d'extraire, pour l'avidité insatiable des conquérants, le métal du fond de la terre. Puis, comme elle n'était pas faite pour ce rude labeur, comme elle succombait à la peine quand elle n'était pas victime des cruautés sans nom des aventuriers ; comme au bout de douze ans, au dire de Colomb lui-même, elle était diminuée de plus de moitié (1), qu'au bout de vingt-cinq ans, au dire de l'historien espagnol Herrera, elle était tombée d'un million d'âmes à 25.000, on avisa aux moyens de remplacer avantageusement cette molle nature d'Indiens qui fondait sous la servitude. On songea à la rude race de l'Afrique ; on essaya de l'esclavage et de la traite ; et, sous prétexte de civilisation et de christianisme, mais en réalité par raison d'avarice et de rapacité, l'on déchaîna sur le monde cette institution odieuse à la civilisation et au Christianisme, cette lèpre honteuse qui, peu à peu, a empoisonné le continent américain tout entier, ce mal grandissant qui, à travers les mers, a répercuté sur l'Europe ses conséquences douloureuses, qui, sous nos yeux, enfin, et au milieu d'un déluge de sang, a mis en péril, il y a un demi-siècle, la grandeur et l'existence même de la patrie de Franklin et de Washington, et qui, en vertu de la solidarité désormais inévitable des nations, nous a fait subir à nous-mêmes de si pénibles épreuves. On institua la traite, et ce fut bientôt à qui se souillerait le plus effrontément de ce trafic infâme. Voltaire lui-même, au xviii⁰ siècle, s'applaudissait en riant d'y avoir mis son argent : « J'ai fait, disait-il, une bonne affaire et une bonne action. »

En 1713, la nation qui, un siècle plus tard, devait s'honorer à jamais en répudiant solennellement et à tout prix l'esclavage dans ses colonies, et qui, depuis, n'a cessé de le poursuivre par toute la terre avec la plus noble persévérance et la plus inquiète sollicitude, l'Angleterre se faisait concéder, par un traité d'Assiento, le privilège d'introduire annuellement, dans les colonies de l'Amérique espagnole, tant de *tonnes de nègres* (144,000). L'Espagne a donné aux armateurs négriers des titres *de noblesse*. En 1860 encore, une compagnie se formait ostensiblement à La Havane pour ces opérations.

Les peuples du vieux monde, en un mot, pendant deux

---

(1) Des sept douzièmes,

ou trois siècles, vécurent comme des forbans occupés à s'arracher les dépouilles du monde nouveau ; s'y disputant, au mépris de tout droit et de tout honneur, la place et l'influence ; s'emparant, par la trahison et par la violence, de *colonies* auxquelles ils imposaient, avec la peste noire de l'Afrique, les plus écrasantes et les plus stupides entraves ; entourant d'un triple cercle de fer et les côtes de ces misérables dépendances et leurs propres frontières, et se mettant eux-mêmes en quarantaine pour y mettre leurs voisins et leurs rivaux ; subissant ou déclarant à tout moment la guerre pour l'ouverture ou la fermeture de ports et de marchés restreints et appauvris à plaisir ; pillant, pour tout dire, massacrant et brûlant au lieu de produire ; et faisant de la société humaine, selon le mot d'un diplomate moderne, quelque chose de « si odieux, qu'on n'ose s'y arrêter de peur d'avoir à se prononcer contre le développement de l'industrie et le progrès même de la civilisation.» Et tout cela dans quel but ? Dans l'espoir insensé d'accumuler chez eux plus d'or que n'en aurait maintenu le mouvement naturel du commerce, et de soustraire aux mains des autres ces richesses mortes dans lesquelles ils avaient mis leur cœur et leur âme. *Auri sacra fames !*

Quel fut le résultat ? Le résultat, ce fut l'appauvrissement et l'épuisement réciproques, et précisément à proportion de l'ardeur de ces efforts insensés. Le résultat, c'est qu'en Espagne, — dans ce pays qui avait donné l'exemple, et qui poussa plus loin qu'aucun autre les exagérations absurdes du système de la balance du commerce, — il ne s'était pas écoulé un siècle, que déjà l'Amérique avait été une malédiction visible pour ses conquérants : ruinée par eux, elle les ruinait à leur tour.

Le résultat, c'est que, sur ce sol jadis florissant de la mère patrie, non seulement l'exploitation féconde des métaux soi-disant *vils* (en réalité nobles comme tout ce qui est utile) avait été rapidement abandonnée et tarie, mais les fabriques et les métiers avaient été délaissés. L'agriculture même, victime de mesures violentes et stupides, inspirées par le désir de fermer plus étroitement le cercle fatal qui enserrait tout, avait décliné comme le reste, et laissait en friche des champs qu'en toute saison les troupeaux de mérinos destinés à la filature nationale avaient le droit de parcourir sans entraves. Le résultat, c'est que d'arbitraire en arbitraire, de restriction en restriction, de *protection* en *protection*, on en était venu à tuer complètement cette initiative et cette énergie espagnoles qui, avant la découverte de l'Amérique, avaient placé la Péninsule à un si haut rang devant l'Europe, et à substituer à la vieille fierté castillane la mendicité des cours ou celle des grands chemins, l'indolence et l'apathie. Le résultat, enfin, un éloquent écrivain l'a peint ainsi, en quelques lignes aussi précises que fortes : « Sous Charles-Quint et Philippe II, l'Espagne veut dominer le monde. Elle écrasait l'Europe et l'Amérique, regorgeait d'or, et couvrait la mer de ses vaisseaux et la terre de ses « vieilles bandes espagnoles », qui formaient alors la meilleure infanterie de l'Europe. Eh bien ! en une vie d'homme, en soixante ou quatre-vingts ans, par la seule force du venin terrible et de l'inévitable malédiction attachés à l'orgueil de la domination, voici ce qu'était devenue l'Espagne : affamée, dépeuplée, descendue à six millions d'habitants, elle était réduite à treize galères pour toute marine, et à vingt mille hommes indisciplinés pour armée. En moins d'un siècle, cette écrasante puissance était tombée de tout à rien. Telle est la force des lois de Dieu. « *Qui s'exalte sera humilié ! Qui prend l'épée périra par l'épée !* »

Ces paroles sont extraites d'un livre qui a pour titre : *La Paix*, et qui est avant tout, en effet, un livre de paix et de morale évangélique. Mais je n'hésite pas à me les approprier comme économiste et à les répéter tout entières au nom de la science même des intérêts. Oui, qui veut tout avoir s'expose à tout perdre ; et qui ne veut vivre que pour soi et sur soi n'arrive qu'au dépérissement et à l'hébètement. Nul, peuple ou homme, ne saurait se suffire ici-bas ; ce n'est que par un continuel échange de substance que tout se soutient et se renouvelle ; et se priver, de peur de contribuer à la grandeur d'autrui, de cet indispensable secours, c'est s'exclure soi-même du nombre des vivants et se déshériter de sa part du patrimoine universel. C'est un théologien qui vient de parler. Voici maintenant les déclarations d'un homme d'affaires et d'un diplomate: « *L'Amérique* », disait à son tour, vers 1860, dans son rapport officiel, le commissaire de l'Espagne au Pérou, M. Salazar y Mazarredo, « *L'Amérique a été la principale cause de la décadence de l'Espagne... L'Amérique a privé l'Espagne de liberté, de population, d'industrie et d'agriculture... Sans l'Amérique, la Péninsule ibérique aurait aujourd'hui 40 millions d'habitants, richesse cent fois plus précieuse que tous les métaux du Mexique et du Pérou.* »

IV

L'Espagne, dans son fol engouement, avait lâché la proie pour l'ombre.

Mais cet or, du moins, qui avait été le premier objet de sa convoitise ; cet or, auquel elle avait tout sacrifié ; ces mines, dont elle croyait se faire une ressource inépuisable et une richesse « qui ne pourrait pas lui être enlevée » ; cette richesse morte, enfin, l'avait-elle pu garder ? Eh bien ! non, cela même l'Espagne se l'était vu ravir, et elle avait moins de monnaie peut-être que si elle n'avait jamais reçu une piastre du Mexique. C'est que les métaux précieux sont comme les liquides, qui s'écoulent d'eux-mêmes entre les doigts qui les pressent, et auxquels il suffit du moindre interstice et de la moindre différence de niveau pour s'échapper, en raison de la pression et des hauteurs. C'est, surtout que ces métaux, qui sont le prix du reste, tendent toujours à céder la place aux autres marchandises plus nécessaires et plus précieuses ; et que, pour les obtenir ou pour les garder, il faut avoir d'abord, à un degré suffisant, les moyens de les retenir ou de les rappeler.

Un peuple, ainsi qu'un homme, a besoin avant tout des

choses indispensables à la vie, et il ne se soustrait pas,
par la seule vertu d'une théorie, à cette nécessité de la
nature. Qu'importe que nous estimions ou que nous n'estimions pas l'or ou l'argent ; il faut vivre : et quand nous
avons faim, quand nous avons froid, quelque attachement
que nous puissions ressentir pour le métal que nous tenons
caché au fond de notre bourse, nous allons chez le boulan-
ger acheter du pain, chez le boucher acheter de la viande,
chez le tailleur acheter des habits. Nous achèterions bien
d'autres choses, si nous le pouvions ; et comme le savetier
de la fable, nous serions trop heureux de donner nos écus,
si l'on trouvait au marché des chansons et du somme. Il en
est ainsi des nations, qui, quoi qu'on en dise, ne sont que
des agrégations d'individus vivant et agissant pour leur
compte. Manquent-elles d'aliments, de vêtements, d'objets
quelconques dont elles sentent le besoin, peu leur importe
qu'il faille, pour se procurer ces objets, les aller chercher
ou les faire demander au delà de leurs frontières et, par
conséquent, faire *sortir du pays* l'argent qui s'y |trouve.
Peu leur importe ce que prescrivent ou proscrivent à cet
égard les systèmes par lesquels on s'imagine renverser à
sa fantaisie les tendances de la nature.

Les nations, comme les individus, se résignent et, au
besoin, s'ingénient à se défaire de ces espèces qui leur
deviennent inutiles et onéreuses, pour obtenir en retour
les produits dont la privation les presse. On ne supprime
pas par un décret les lois de l'équilibre ; on n'empêche pas
par mesure législative les corps de céder à l'action de la
pesanteur ; on n'interdit pas aux liquides placés dans des
vases communiquants de se mettre invinciblement à la même
hauteur. On n'arrête pas davantage le nivellement des
métaux précieux et l'on ne suspend pas l'inévitable loi qui
pousse l'une vers l'autre l'offre et la demande. On n'empêche pas l'abondance d'être une dépréciation et la rareté
d'être un appel ; on ne fait pas qu'une marchandise chère
et divisible à l'infini, facile à cacher, facile à transporter,
ne s'en aille d'elle-même, quand elle surabonde, à travers
les mailles de la douane la plus vigilante, chercher au

dehors le marché où elle fait défaut, et qu'elle ne renvoie en retour, en dépit des difficultés et des risques, les objets plus désirés qu'on appelle à sa place.

A l'époque du système de Law, dont nous parlerons plus loin plus au long, l'exportation de l'or et de l'argent fut interdite, comme elle l'a été longtemps en Espagne, comme elle le fut plus tard pendant la Révolution française, sous la plus terrible des peines, *sous peine de mort*. Est-ce que cette interdiction empêcha l'or et l'argent de sortir ? Elle les força à se déguiser, et ce fut tout. Tantôt c'était un spéculateur enrichi qui, voyant sa fortune inutile et menacée en France, garnissait d'or de petits barils suspendus au centre de futailles remplies de vin, et parvenait ainsi, sauf à faire la part du feu, — du fisc, voulais-je dire, — à faire passer ses trésors à l'étranger. Tantôt, c'était un autre qui, pour sauver les siens, les plaçait sur une charrette remplie de foin et de paille et, déguisé en paysan et conduisant lui-même son précieux chargement, allait, comme un charretier de profession, vendant et renouvelant, d'étape en étape, sa provision de fourrage, jusqu'à ce qu'il eût réussi à sortir de France. Tantôt, enfin, c'était cet éternel bâton de Brutus, ce bâton creux dont le clairvoyant oracle de Delphes appréciait si fort l'hommage, et qui s'est retrouvé plus d'une fois, n'en doutez pas, dans le pauvre bourdon des humbles pèlerins du moyen âge.

Non, une chose si précieuse, si mobile, si *fluide*, ne s'arrête pas au passage, et c'est une singulière prétention que celle d'empêcher efficacement la contrebande de l'or, quand la contrebande des marchandises les plus encombrantes et les plus grossières se joue si aisément, moyennant une prime modérée, des barrières et des interdictions. Mais en gênant et en ralentissant les mouvements naturels du commerce, on blesse et l'on alarme tous les intérêts. Mais l'on épouvante, par ces brutales avances, ces métaux mêmes que l'on veut bon gré mal gré retenir. Et c'est ce que, dans le siècle dernier, et au nom de l'expérience de tous les temps, un roi de France, Louis XVIII, déclarait solennellement dans l'une de ses ordonnances : « Nous avons reconnu, disait-il, que toutes les prohibitions d'exportation de ces denrées, impuissantes pour en empêcher la sortie, n'ont d'autre effet que d'entraver le commerce et d'empêcher l'entrée ou le transit desdites matières ; en sorte que ces prohibitions, loin de tendre à conserver ou à augmenter l'abondance des espèces d'or et d'argent, tendent, au contraire, à les écarter et à en diminuer la quantité. »

C'est que la première condition pour entrer ou rester volontiers quelque part, c'est la certitude d'en pouvoir sortir à sa fantaisie, et qu'il en est de ces métaux comme des grains et des autres objets de commerce quelconques, que l'on n'introduit pas volontiers sur les marchés fermés ou exposés à l'être tout à coup. Si bien que le plus sûr moyen de ne manquer de rien, ce n'est pas, comme on serait tenté de le croire, de tout fermer, mais de tout ouvrir. C'est de supprimer toute gêne et toute entrave, afin de laisser s'accomplir de lui-même ce grand nivellement des besoins et des ressources, cet équilibre naturel de l'offre et de la demande, ce *prix courant* auquel il faut toujours en arriver, et auquel les métaux précieux ne sont pas moins soumis que les plus vulgaires denrées.

Et c'est, pour le dire en passant, par cette raison décisive que s'explique l'accord, depuis longtemps unanime, des économistes sur ce point, qui n'est rien moins qu'un des points fondamentaux de la science. C'est pour cette raison que, non seulement à propos de l'or et de l'argent, instruments habituels des transactions et agents mobiles entre tous des besoins et des offres ; non seulement à propos des subsistances et des grains, — objet premier de l'alimentation commune, et emblème par excellence du grand courant de la vie et de sa circulation incessante; — mais à propos de toutes choses, de toutes, indistinctement et sans exception, les économistes enseignent et prêchent si résolument et si haut le respect de l'échange, de l'échange naturel et volontaire, de cet échange libre qui est le plus efficace des modérateurs et des pourvoyeurs tout à la fois, et par conséquent la plus infaillible des garanties contre l'ex-

cès des maux inséparables de l'existence humaine. Échange
universel, indéfini, et indéfiniment croissant, qui constitue
pour toutes les nations, et à l'égard de toutes choses, une
mutualité naturelle et incessante par la diffusion des biens
et des maux. Par cette diffusion, il est vrai, l'échange répand sur tous, et en proportion sensible parfois, des douleurs qui, sans lui, auraient pu rester le lot de quelques-
uns, nous forçant ainsi à souffrir des maux et des fautes
de notre prochain, même éloigné ; mais ces douleurs, il
les répand en les affaiblissant par la dispersion même et
en répandant avec elles des biens, sans lui inconnus, qui
les compensent et les dépassent. Et, par cette communication incessante et toujours plus active, par cette péné-
tration réciproque, par cet inévitable partage de la bonne
comme de la mauvaise fortune, il nous intéresse, bon gré
mal gré, à la prospérité, aux efforts, aux qualités bonnes
ou mauvaises de toutes les nations et de toutes les races ;
il tend invinciblement à faire peu à peu du monde entier,
en dépit des préventions et des préjugés qui le divisent
encore, comme une grande famille de frères unis par des
besoins, par des devoirs et par des droits réciproques et
mieux sentis.

Pour ce qui est des métaux précieux spécialement, qui
sont en ce moment mon sujet, il ne faut pas s'en préoccu-
per outre mesure ; il ne faut sacrifier à cette préoccupation
ni la liberté, ni la justice, ni la paix. Ayons le travail,
ayons l'activité industrielle qui crée et l'activité commer-
ciale qui distribue, ayons, en un mot, les objets directs de
la consommation et de l'échange, et nous serons assurés
d'avoir toujours en quantité suffisante ces représentants
temporaires et ces instruments utiles de l'échange, que
nous ne saurions avoir autrement. Gardons-nous de la folle
convoitise de ce roi stupide, condamné par un vœu insensé
à changer fatalement en un or inutile tout ce qu'il touchait ; et sachons nous souvenir à propos de cet apologue
russe qui, sous une autre forme, nous donne agréablement
la même leçon :

« L'orge disait au froment : allons au pays de l'or, nous

y serons bien. — Orge, mon ami, répondit le froment, ta moustache est longue, mais ta sagesse est courte. Ce n'est pas à nous à aller chercher l'or, mais à l'or à venir nous trouver ; travaillons la terre et l'or nous viendra. »

Travaillons la terre, travaillons les métiers, développons l'industrie, développons le commerce, mettons-nous sans cesse en mesure de pourvoir à nos besoins d'abord et aux besoins de nos voisins ensuite ; portons jusqu'aux extrémités du monde les utiles produits de notre sol et de nos arts, entretenons avec le globe entier une féconde et pacifique rivalité d'efforts et de bons offices, et nous ne manquerons ni des objets de première nécessité, ni de ceux d'une utilité secondaire, ni de ce qui fait vivre, ni de ce qui aide à vivre en embellissant la vie. Travaillons la nature ; mais travaillons l'homme surtout. Développons en nous, développons dans nos semblables les facultés internes de l'intelligence, et avant tout le moteur suprême de la volonté. Car c'est là la première des richesses ; c'est celle d'où émanent toutes les autres et à laquelle nulle autre ne supplée ; si les hommes ne se manquent pas à eux-mêmes, jamais la nature ne leur manquera.

Ceci dit, et sans autre transition, je passe au second point, quoique je sois loin, bien loin d'avoir épuisé le premier.

<h1 style="text-align:center">V</h1>

Il y aurait bien davantage à dire sur ce second point, car il s'agit ici d'une erreur plus persistante encore, plus invétérée, dont on retrouve partout la trace et l'influence, et dont il reste dans la plupart des esprits des racines toujours prêtes à pousser de puissants rejets. Que le roi Midas se soit laissé prendre étourdiment, comme on le raconte, au piège de l'avarice, nous avons peine à le comprendre quoique plus d'un, peut-être, à sa place, en eût fait autant. La plupart se rendent, bon gré mal gré à l'évidence ; et les pains d'or, s'ils n'en pouvaient procurer d'autres plus substantiels, trouveraient peu d'amateurs. C'est un personnage assez ridicule, d'ailleurs, que ce roi Midas, auquel les roseaux mêmes, comme on le sait, disaient son fait assez brutalement: « Midas, le roi Midas a des oreilles d'âne ! » Et l'on ne se soucie pas beaucoup, en général, d'avoir rien de commun avec les têtes à longues oreilles.

Rien n'est plus ordinaire, au contraire, rien ne séduit plus aisément et ne possède plus obstinément les esprits insuffisamment armés contre la naturelle illusion des premières apparences, que la prétention, fort tentante, en effet, de se passer complètement, au moyen d'un remplaçant moins exigeant et moins coûteux, de cet intermédiaire utile, mais onéreux, dont nous avons, dans le précédent chapitre, exposé les fonctions et les services.

Les métaux précieux, nous l'avons vu, remplacent avec avantage, dans la plupart des cas, l'échange direct. Ces métaux, à leur tour, sont souvent, dans la pratique journalière, remplacés utilement par un représentant plus maniable encore et par un gage plus léger, par une simple promesse. A défaut de blé ou de vin, on donne de l'argent qui en procure ; à défaut d'argent, on donne de même du papier qui en assure.

On le fait parce qu'on n'a pas d'argent en ce moment, bien qu'on doive en avoir plus tard. On le fait aussi pour éviter des déplacements, des transports ; et ce papier, de proche en proche, passant de main en main, il arrive qu'une multitude de transactions s'opèrent sans que ni monnaie, ni produits aient été visiblement échangés entre les contractants. Or, la monnaie est chère, et n'en a pas qui veut. On calculait déjà, il y a une soixantaine d'années, que les métaux monnayés en circulation en France avaient coûté pour le moins 15 *ou* 1600 *millions* de journées de travail ; soit environ cinq millions d'années ou 180.000 *existences* humaines. Ce doit être, avec l'accroissement survenu depuis, près de 400.000 *aujourd'hui*. C'est une lourde charge que celle-là pour une nation, et évidemment, si la monnaie rend des services, ce n'est pas gratis. Ne serait-il pas possible d'arriver à atténuer et à supprimer même cette charge ? Puisque l'on a trouvé à la monnaie un représentant si commode, pourquoi n'étendrait-on pas l'emploi de ce représentant de manière à rendre inutile l'emploi de la monnaie même ? Et, puisque tant d'affaires se règlent en papier, quelle est la nécessité de conserver encore une si forte quantité d'espèces sonnantes ?

Voilà ce que disent beaucoup de gens, considérables souvent par la position ou par le talent. En voyant les prodiges que suscite le crédit, sa puissance déjà si grande et chaque jour croissante, ils se figurent qu'il y a dans le papier une vertu secrète analogue à la merveilleuse vertu de la pierre philosophale, à cette transmutation indéfinie des métaux inférieurs en métaux supérieurs, si longtemps poursuivie par l'espérance obstinée des alchimistes du moyen âge. Ils se figurent qu'il suffirait, en conséquence, de je ne sais quel mécanisme convenablement disposé, de je ne sais quelle organisation rationnelle du crédit, de je ne sais quel branle communiqué à propos par les gouvernements à la confiance publique, pour remplacer, presque du jour au lendemain, ces espèces métalliques qui coûtent tant, par des valeurs de papier qui coûteraient si peu : ce qui reviendrait, leur semble-t-il, à multiplier presque à volonté la richesse sans aucun sacrifice. Ainsi pourrait — comme on le pense encore aujourd'hui, plus qu'on ne le dit, — être ouverte à tous une source inépuisable de bien-être et d'aisance, par la promulgation du crédit universel et gratuit.

Eh bien ! je suis obligé de le dire, et je le dis sans hésitation comme sans détour, — quelque respect que je puisse avoir, d'ailleurs, dans bien des cas, pour la sincérité et pour les intentions des personnes qui tiennent ce langage, — c'est là un langage fatal. Ce ne sont pas seulement des rêves trompeurs ; ce sont des erreurs dangereuses, des erreurs terribles, dont la conséquence n'est pas l'enrichissement, mais l'appauvrissement, le crédit, mais le discrédit ; et je vais essayer de le faire comprendre à ceux mêmes qui trouveraient ce jugement trop sévère.

Et d'abord, comment la foi la plus robuste et la plus opiniâtre espérance n'est-elle pas venue se briser immédiatement contre cette impossibilité évidente de faire de rien quelque chose ? Comment a-t-on pu s'imaginer qu'un papier, un simple papier, sans valeur propre, par le seul fait d'être revêtu de je ne sais quels signes sacramentels, pouvait devenir tout à coup, je ne dis pas l'emblème d'une richesse existante, mais une richesse nouvelle et véritable ?

Comment, par la seule puissance du mot « CRÉDIT » ou par l'expression même la plus impérative des volontés d'un prince ou d'un « peuple souverain », a-t-on pu se flatter d'assouvir tout à coup l'inextinguible soif des convoitises humaines et de faire sortir du néant tous les biens qui peuvent rendre heureuse et douce la destinée de l'homme ici-bas ? Est-ce qu'il n'y a pas dans une telle prétention quelque chose de radicalement contradictoire et impossible ? Est-ce qu'il n'est pas assez visible que l'homme est fait pour l'effort, — pour un effort chaque jour plus intelligent, sans doute, chaque jour mieux employé et mieux rémunéré par son résultat — mais pour l'effort cependant, pour l'effort jusqu'à la fin ? Est-ce qu'il n'y a pas en nous une voix, la voix même de la conscience, qui nous crie assez haut que la satisfaction doit être le prix de l'effort ? Et est-il donc besoin des mystérieux enseignements de la révélation pour nous rappeler que l'homme est sous le coup d'un arrêt, moins sévère qu'on ne le dit, il est vrai (car acheter c'est mériter, et c'est de notre infirmité que sort notre grandeur) mais d'un arrêt sévère pourtant, et en tous cas inévitable, aux termes duquel il doit manger à la sueur de son front ; — qu'il doit travailler pour jouir, produire pour consommer, et que tout le progrès, pour lui, se borne à tirer de la terre, à tirer de lui-même, pour mieux dire, par l'amélioration de ses facultés et par le meilleur emploi de ses forces, un rendement plus abondant à la fois et plus assuré ? Oui, il est au pouvoir de l'homme de s'améliorer, de s'agrandir, de se rendre plus productif et plus fécond, mais il ne peut être au pouvoir de l'homme de changer d'un mot les conditions de son existence. Jamais, ni en lui, ni hors de lui, il ne découvrira une source inépuisable et spontanée d'abondance qu'il suffise d'ouvrir pour que la richesse inonde les sociétés et les noie, pour ainsi dire, sans leur fait, sous un déluge de félicités et de délices. Le pays de Cocagne n'est pas de ce monde.

Voilà ce que l'on a oublié, d'abord ; et de là tout le mal. On a méconnu la nature humaine en lâchant étourdiment la bride à toute l'intempérance de ses désirs. On n'a pas moins méconnu les faits, en s'arrêtant à leur plus superficielle apparence. Eh oui, sans doute, la monnaie représente les produits, et le papier représente la monnaie. Oui, la monnaie facilite et multiplie les échanges en prenant provisoirement la place des objets échangeables ; et le papier, à son tour, facilite et multiplie les transactions en prenant la place de la monnaie ; mais pourquoi ? Parce que le papier suppose la monnaie, comme la monnaie suppose les produits ; parce qu'il constitue une délégation sur elle, et elle, à son tour, sur les capitaux, c'est-à-dire sur les biens divers qui garnissent le marché où elle permet de puiser. Comment ! je vous cède du vin dont je n'ai pas besoin en ce moment, mais que je pourrais boire dans un an ; de l'huile qui m'éclairerait cet hiver ; de la terre sur laquelle je puis récolter mille produits ou goûter mille douces joies ; et, en retour de ces sacrifices dont je sens tout le prix, moi qui chaque jour éprouve des besoins nouveaux, moi qui sais que j'aurai faim demain, froid plus tard, qu'il me faudra un abri, des livres, des vêtements, des outils, j'accepte quoi ? Quelqu'une de ces choses dont je connais l'utilité prochaine et personnelle ? Non, j'accepte des ronds de métal, blanc ou jaune, qui par eux-mêmes ne peuvent n'être d'aucun service réel, et qui ne seront dans mes mains qu'un colifichet brillant. En vérité, je serais fou si je ne savais que ce n'est là qu'un règlement provisoire — prélude et garantie du paiement définitif, et que derrière ces gages brillants il y a, il y aura, au fur et à mesure de mes besoins, ces choses mêmes que je prévois avoir à tirer tour à tour du commun réservoir des richesses échangeables. De même j'accepte, au lieu de monnaie, ce papier qu'on appelle un billet. Je serais fou encore si c'était là tout ce qui doit me revenir. Mais je sais que ce ne sont que des arrhes ; et que derrière ce papier se trouve cette chose valant par elle-même et conduisant à la possession de tout le reste : la monnaie, gage et représentation des autres valeurs. De sorte qu'en somme, si le papier vaut quelque chose, c'est parce qu'il est une promesse d'argent d'abord, et une promesse de produits ensuite ; parce qu'il est le premier degré d'une voie qu'il ne tient qu'à son détenteur de parcourir jusqu'au bout, et qui le conduira, si la promesse n'est pas menteuse, jusqu'au terme effectif de ses désirs et de ses besoins.

Mais, franchement, j'ai presque honte de discuter quand il suffit d'ouvrir les yeux et de s'en servir. Nous dissertons sur ce qu'est le papier. Eh ! demandons-le à lui-même ; il nous répondra, et en termes assez clairs. Voici un billet de 100 francs ; qu'y lisez-vous ? Une promesse de payer 100 fr. Mais ce billet est à 90 jours ; c'est à 90 jours qu'est fixée l'exécution de cette promesse. Cet autre billet est à vue ; c'est à vue, à présentation, c'est-à-dire à un moment quelconque, que le montant doit en être versé. Celui-ci est au nom d'une personne déterminée, ou à son ordre ; c'est à cette personne seulement, et non à une autre, ou à la personne désignée par elle pour le toucher à sa place, que la somme pourra être valablement comptée, et tout autre paiement ne libérerait pas le débiteur. Ce dernier, au contraire, est au porteur ; c'est une promesse de payer au détenteur, quel qu'il puisse être ; et quiconque, ce papier à la main, se présentera, au lieu et au temps indiqué, sera en droit d'en exiger la conversion contre le nombre marqué de pièces de monnaie. Si ce n'est pas cela qu'ils veulent dire, ou bien les mots n'ont plus de sens, ou bien ces billets qu'on veut nous faire prendre au sérieux ne sont que la plus ridicule des déceptions et la plus effrontée des dérisions. Ou ils sont la promesse formelle, positive, absolue, dans des conditions précises de personne, de temps et de lieu, d'un certain nombre de pièces de monnaie d'une dénomination connue, c'est-à-dire d'un poids donné de métal à un titre certain; ou ils ne sont rien, absolument rien.

VI

Je ne sais, quelque long que j'aie paru peut-être, si j'ai suffisamment insisté, dans la première partie de ces études, sur les conditions de poids et de titre ; et si j'ai assez explicitement exposé pourquoi la monnaie, une fois fabriquée avec loyauté, est devenue si aisément, si couramment, l'intermédiaire toujours accepté des échanges. Mais rien n'est moins difficile à comprendre, et il me suffira de l'énoncer. C'est que la monnaie, quand elle est conforme à des types connus et parfaitement déterminés, est quelque chose de certain, d'invariable et d'indiscutable. C'est qu'elle forme, au milieu du flot changeant des valeurs, comme un point soustrait à la perpétuelle mobilité qui l'entoure : un *point fixe* (c'est l'expression même du législateur de l'an IX). C'est que, grâce à ce point fixe, les transactions prennent un sens précis, à l'abri de toute incertitude et de toute interprétation arbitraire ; chacun, quand il offre un prix, sachant de la façon la plus nette ce qu'il s'engage à payer, et chacun sachant pareillement, quand il accepte un prix, ce qu'il a le droit d'exiger. Dans la législation française, par exemple, le *franc* est l'unité monétaire à laquelle tout se rapporte, multiples et sous-multiples ; et le *franc* est précisément et invariablement 5 grammes d'argent à 9/10° de fin. Cela signifie que, quand on promet 1 franc, on promet 5 grammes d'argent à 9/10° de fin; et qu'autant de fois on promet 1 franc, autant de fois on s'engage à donner ce poids à ce titre. C'est là, dans cette définition qui ne souffre aucune ambiguïté, que se trouve la base même de toute confiance, la facilité parfaite de s'entendre et le fondement inébranlable de toute la circulation monétaire. Comme le disait, en faisant ressortir les avantages de cet invariable *étalon*, le ministre des finances Gaudin : « Un kilogramme d'argent vaut 200 francs, et il les vaudra toujours, par cette raison, sans réplique, que 200 francs *sont* 1 kilogramme d'argent. »

Maintenant, supprimez cette correspondance exacte de la promesse au paiement ; affaiblissez-la seulement, en rendant douteux l'acquittement intégral de la dette en espèces à l'échéance ; anéantissez ce point fixe, cette quantité de métal parfaitement déterminé en poids et en titre, cette unité qui ne laisse prise ni à l'erreur ni à la fraude, et qui atteste d'une manière irréfragable ce que chacun des contractants a entendu recevoir ou donner ; supprimez cela, que reste-t-il, et que devient votre papier? Qu'est-ce qu'un billet derrière lequel il n'y a rien, quelle qu'en soit la nature ou la forme, et fût-il l'œuvre de la plus vaste banque ou du plus puissant État? Rien de plus qu'une vignette à amuser les enfants, ou l'un de ces prospectus extérieurement trop semblables aux billets de banque de 1000 francs qui ont été un moment à la mode, et auxquels s'est laissée prendre quelquefois l'inattention ou l'ignorance. Et que pourrait signifier le mot *franc*, en effet, ou celui de *thaler*, ou tout autre, mis sur un papier quelconque, à la suite d'un nombre quelconque de chiffres et de zéros, si le *franc* ou le *thaler* n'était pas quelque chose de réellement et subtantiellement existant par lui-même ; si ce n'était qu'un nom en l'air, une abstraction chimérique sur laquelle personne n'eût jamais mis la main ? Promettre des *francs*, dans cette hypothèse, ce serait absolument comme si l'on faisait, par écrit, et solennellement qui plus est, cette déclaration originale : « Promettre et tenir sont deux. En conséquence, je promets de payer, mais j'entends bien que je ne paierai pas. Je vous engage ma parole ; mais vous ferez bien de n'y pas compter, car vous ne savez pas le moins du monde, et vous ne saurez jamais, ni moi non plus, quelle est la portée de l'engagement que je prends ; et je n'ai, en tout cas, nulle envie de le tenir. »

Oui, lorsqu'on décrète ou lorsqu'on rêve un papier non remboursable ; lorsqu'on s'imagine, au moyen du *cours forcé*, donner à plaisir au papier la valeur de l'argent pour se passer de l'argent, voilà littéralement ce que l'on prétend faire ou ce que l'on fait. Voilà la contradiction niaise et perfide, l'énormité ridicule et honteuse, à laquelle on se laisse entraîner. « Je dois, mais ce que je dois n'est rien ; je promets, mais ma promesse n'a ni valeur ni sens. » Et l'on veut que le public prenne au sérieux cette détestable plaisanterie ! On veut que les hommes qui se sont dépouillés de biens réels se tiennent pour indemnisés par la remise de ces titres menteurs ! On veut qu'après avoir donné leur temps, leurs sueurs, leurs richesses, le produit du travail de leur tête ou de celui de leurs mains, les objets, en un mot, dans lesquels ils avaient mis leur affection et leurs espérances, leurs épargnes d'hier et leurs ressources de demain, ils se trouvent trop heureux de la remise de ces riens enjolivés ! Mais ce n'est pas seulement un dol, c'est une sottise. Ce n'est pas seulement une extorsion criminelle, c'est une faute grossière jusqu'à l'absurdité ; car c'est le moyen d'anéantir la fortune publique en ruinant les fortunes particulières ; c'est le moyen de détruire, jusque dans ses plus profondes racines, toute confiance et toute activité parmi les hommes. Hélas! bien que limitée par la résistance même des choses, l'épreuve n'en a que trop été faite à plus d'une époque : elle l'a été notamment, avec éclat, pendant cette période des essais de Law, à laquelle j'ai fait allusion, et pendant le règne moins éloigné des assignats de la Révolution française. Voici quelques indications, qui ne sont peut-être pas inutiles, sur ces intéressantes et cruelles expériences.

Law a laissé dans l'histoire une place assez difficile à bien définir. Pour les uns, c'est un des grands bienfaiteurs de l'humanité, l'initiateur providentiel et méconnu de la démocratie moderne et du crédit libérateur du travail ; pour les autres, ce n'est qu'un rêveur et un charlatan; pour d'autres encore, ce n'est rien moins qu'un aventurier et un escroc de haute volée.

Aucune de ces appréciations, à mon avis, n'est acceptable. La première n'est qu'une puérilité emphatique ; les autres, et la deuxième surtout, sont d'une sévérité qui blesse l'équité. Il est difficile, ce me semble, pour peu qu'on ait étudié les faits, de méconnaître que cet homme étrange n'ait possédé, à un remarquable degré, la connaissance et la pratique des matières financières ; que, pour son temps au moins, il n'ait été plus instruit, plus expérimenté et plus éclairé qu'on ne l'a prétendu depuis ; et il n'est guère moins difficile de prétendre qu'il n'ait eu d'autres vues que de faire des tripotages en grand sur la fortune publique. Sa vie privée, il faut bien l'avouer, était loin d'être pure ; il était joueur et dépensier, et il imitait trop, par son train et par la facilité de ses mœurs, les allures du grand monde d'alors. Mais ce n'est pas un motif suffisant pour oublier que, lorsqu'il vint offrir ses services au Régent, il était possesseur d'une fortune de 2 millions, — 2 millions de l'époque ; — que cette fortune, — acquise par les cartes, il est vrai, — il l'a mise comme enjeu, dès le premier jour, dans le plan qu'il proposait, et qu'il l'y a laissée jusqu'à la fin ; qu'il a été tout-puissant, qu'il a enrichi à son gré bien des gens, qu'il a pu prendre en toute liberté ses mesures pour tirer à temps son épingle du jeu, et qu'il est sorti le dernier de ses affaires ; qu'il en est sorti ruiné, enfin, absolument ruiné, ayant vendu successivement jusqu'aux derniers de ses biens pour soutenir cette expérience, fatale à la nation, mais désastreuse pour lui.

D'ailleurs voici les faits.

VII

Louis XIV était mort, et il était mort laissant la France épuisée et le trésor aux abois. Lui-même, pour suffire aux derniers efforts de son luxe, avait, je l'ai dit, été obligé de recourir à d'assez tristes expédients. Le ministre Desmarets avait employé, pour faire remonter les papiers d'État, des artifices qui seraient jugés peu innocents en police correctionnelle ; et l'on avait vu le grand Roi lui-même faire, en courtisan plus qu'en souverain, les honneurs de Marly au financier Samuel Bernard. La détresse était donc partout ; toutes les affaires étaient arrêtées ; la caisse du roi était vide ; le papier du roi n'avait plus de valeur ; et l'on ne savait comment conjurer la banqueroute imminente et atténuer la misère. Ni fontes ni refontes n'y faisaient. C'est alors que parut, ou plus exactement reparut, — car il était venu à Paris quelques années auparavant, mais sa manière de vivre n'avait pas été alors du goût du lieutenant de police d'Argenson, — un homme de grand air et de fière prestance, heureux au jeu, et non moins heureux au duel, ce qui alors ne gâtait rien ; magnifique dans ses équipages, beau parleur de plus, ayant à la bouche les mots de crédit, de circulation et de papier, et possédant, disait-il, — disait-on surtout peut-être, — un secret infaillible pour faire la fortune des États, comme il avait fait la sienne.

Faut-il s'étonner qu'on ait prêté l'oreille à ses discours et que bientôt il ait été mis à même de tenter, à peu près comme il l'entendrait, la guérison d'un cas qui paraissait désespéré ? Il avait commencé par séduire le Régent ; il eut bientôt, grâce à ses façons, séduit tout le monde. D'ailleurs, ses débuts furent heureux, et il faut ajouter qu'ils furent sages. Il se borna d'abord à fonder une Compagnie, mais une compagnie sérieuse, une compagnie privée par actions, pourvue d'un capital à elle et faisant des opérations fort réelles et fort utiles. C'était l'escompte des billets, c'étaient les virements, c'était le transport des monnaies pour le compte de l'administration et pour les remises de place à place du commerce. C'étaient, en un mot, la plupart des opérations de banque.

La compagnie faisait notamment, — et l'on comprend l'importance d'un tel service, à une époque où la monnaie était si souvent et si scandaleusement altérée, — les recettes et les paiements à poids et à titre du jour. Cela signifiait qu'elle encaissait au crédit de ses clients exactement ce qu'ils lui remettaient, en poids et au titre, et qu'elle payait à leur débit, quand ils demandaient le remboursement, non pas la somme nominale, mais précisément la même quantité de métal, quel que fût le cours de celui-ci et quelles qu'eussent pu être depuis les variations subies par la monnaie.

Que de pareilles opérations, accomplies en un temps où le crédit était ignoré et toute confiance détruite, aient produit aussitôt d'excellents résultats; qu'il s'en soit suivi une amélioration rapide et considérable des affaires publiques et privées; et que, par suite, les actions de la banque aient monté, quoi de plus naturel? Malheureusement cette hausse fut plus instinctive que raisonnée; car le public, en éprouvant les heureux effets de la nouvelle institution, n'en démêlait pas bien la nature et les causes véritables; et peut-être le fondateur lui-même partageait-il un peu trop à cet égard l'éblouissement du public. Peut-être, — et c'est plus probable, — se sentait-il entraîné, bon gré mal gré, à soutenir par le charlatanisme et l'agiotage cette première hausse, escomptant l'avenir et s'en remettant à lui du soin de réaliser les espérances exagérées du présent; peu libre de faire autrement, d'ailleurs, et dominé par la nécessité de suffire aux insatiables exigences des grands personnages dont il fallait, sous peine de ruine, acheter à tout prix la faveur ou désarmer l'hostilité. On cite à cet égard, et jusque dans les plus hauts rangs, des traits d'une cupidité et d'une effronterie presque incroyables.

Toujours est-il que peu à peu l'empirisme, l'arbitraire, la violence, se mirent de la partie; que des entreprises nouvelles et téméraires furent successivement ajoutées aux sérieuses opérations de la banque primitive; que celle-ci elle-même fut transformée en Banque royale, investie du privilège de la fabrication des monnaies, et son directeur élevé enfin au poste de Contrôleur général des finances, en remplacement de son ennemi d'Argenson. Par toutes ces manœuvres la hausse fut exagérée à ce point que 500 livres étaient arrivées à en valoir 20.000, et que le papier avait partout remplacé et déprécié les métaux : on refusait l'argent, l'or ne se prenait qu'à perte ; et on parlait d'élever une statue au créateur de tant de richesses. Mais peu à peu la défiance se fit sentir et la réaction commença.

fondateur, alarmé, se roidit. Entraîné par son imagination, cédant à son tempérament, à la fois fougueux et obstiné, et bientôt aux prises avec les plus impérieuses exigences, il eut recours successivement aux expédients les plus téméraires et les plus brutaux. On surexcita, par tous les moyens, les instincts cupides du public; — et c'est ainsi que fut mise en avant toute cette fantasmagorie des terres de la Louisiane et de la Compagnie des Indes occidentales. C'est ainsi que, pour peupler ou paraître peupler cet Eldorado d'un nouveau genre, on se mit à marier à la douzaine, par les soins de la police, et presque les chaînes aux mains, de jeunes couples tirés du fond des prisons et des maisons de correction, pour aller faire au delà des mers souches d'honnêtes gens. C'est alors qu'une milice toute spéciale, les Bandouliers du Mississipi, fut instituée pour recruter de force des émigrants, parmi les vagabonds d'abord, parmi les pensionnaires des hospices ensuite, et en dernier lieu parmi les honnêtes gens qui avaient le malheur de se laisser prendre à cette presse impitoyable. C'est ainsi, enfin, que des édits et déclarations sans nombre (on n'en compte pas moins de treize en quelques mois) intervinrent pour fixer le taux de l'or et de l'argent, régler l'usage de la bijouterie et de l'argenterie, et diriger arbitrairement la circulation. On restreignit l'emploi de la monnaie aux paiements au-dessous de 600 livres, et bientôt on ne le permit plus du tout. On interdit même de posséder en écus ou lingots au delà de 500 livres, et les communautés elles-mêmes, les joailliers, les orfèvres et les prêtres, dépositaires d'aumônes et des fonds des pauvres, ne furent pas à l'abri des recherches et des confiscations. La délation fut officiellement encouragée et récompensée par la promesse de laisser aux dénonciateurs la moitié des sommes trouvées sur leurs indications.

On raconte à ce sujet qu'un honorable magistrat, le président Lambert de Vermon, ayant un jour abordé d'un air mystérieux le Régent, lui dit avec force circonlocutions qu'il avait à lui faire connaître une personne qui possédait

50.000 écus d'or. Le Régent, qui avait de grands défauts et même de grands vices, mais qui, à certains égards, conservait un vif sentiment de l'honneur, ne put s'empêcher, à cette ouverture inattendue, de manifester avec énergie son indignation et son dégoût : « Oh ! monsieur le président, s'écria-t-il, quel... métier vous faites là ! » — « Prince, répondit le vieux magistrat, la vivacité de votre expression me prouve que vous partagez les sentiments de la nation sur la loi que vous avez faite. Au reste, c'est moi-même que je vous dénonce, et j'espère que vous ne me refuserez pas la récompense promise aux dénonciateurs... » Il put ainsi sauver la moitié de sa fortune.

Les faits de ce genre abondent dans les mémoires du temps ; mais ils ne sont pas tous aussi innocents. Les trahisons domestiques, les vols, les abus de confiance, se multiplièrent à l'infini. Le discrédit s'étendit partout, la méfiance empoisonna toutes les relations ; les affaires s'arrêtèrent ; le papier de la Banque, imprudemment protégé par la violence, s'avilit, et, après avoir nagé pendant quelques mois dans une scandaleuse opulence, maints riches improvisés se trouvèrent réduits, avec des sommes énormes en actions et en billets, à la plus affreuse détresse. Voici un détail entre mille qui peint l'époque. Une personne charitable, à laquelle on avait signalé un ménage malaisé, alla, à je ne sais quel étage dans une des rues les plus étroites de la ville, frapper à la porte qu'on lui avait indiquée. Ayant frappé en vain, elle entra et trouva pendu un malheureux, qui, avant de se donner la mort, avait égorgé sa femme et ses trois enfants. Il avait dans sa poche six sous en espèces ; mais à côté de lui gisaient deux cent mille livres en papier. De pareils contrastes étaient quotidiens ; et, d'un autre côté, l'on ne voyait que gens jadis engoués de papier occupés à peser et essayer les vieux louis qui, après s'être dissimulés lors de leur proscription, reparaissaient de toutes parts au jour.

Il fallut donc liquider à tout prix ces fortunes éphémères, ces fortunes gonflées de vent, pour répéter le mot si juste de Montesquieu. Il fallut crever toutes ces outres

d'Eole, et de toute la marchandise il ne resta pas grand'
chose. « Chat échaudé craint l'eau froide. » Les victimes
du système devinrent d'une prudence excessive, et pendant
longtemps le souvenir de leurs mésaventures pesa lourde-
ment même sur les opérations les plus sérieuses de crédit.
Un vaste bouleversement s'était accompli d'ailleurs, abais-
sant et élevant également sans motifs les conditions les
plus diverses, et laissant après lui, avec de longues ruines,
des sentiments fâcheux de cupidité, d'envie et de folle am-
bition.

Tout, en France, dit-on, finit par des chansons. Les
Parisiens, toujours prêts à rire, même de ce qui les afflige
et les blesse, ne manquèrent pas une si belle occasion de
justifier le proverbe. Au plus fort des embarras et des
expédients, le Régent avait fait quelques belles déclarations. Le soir il trouva collé sur la porte intérieure de son
cabinet un papier sur lequel on lisait :

> « Tu nous promets beaucoup, Régent.
> « Est-ce en papier, est-ce en argent? »

Et lorsque, enfin, la ruine du système et de son auteur fut
consommée, on fit courir dans Paris une épitaphe, en forme
de généalogie, ainsi conçue :

> « Belzebuth engendra Law ;
> Law engendra Mississipi ;
> Mississipi engendra le système ;
> Le système engendra le papier ;
> Le papier engendra la banque;
> La banque engendra le billet ;
> Le billet engendra l'action ;
> L'action engendra l'agio ;
> L'agio engendra le registre ;
> Le registre engendra le compte ;
> Le compte engendra le bilan général ;
> Le bilan général engendra zéro,
> A qui toute puissance d'engendrer fut ôtée. »

Ce fut là, à peu près, toute l'oraison funèbre du système
de Law.

VIII

Les assignats aussi finirent par « engendrer zéro ». Et cependant, à l'origine des assignats, autant et plus qu'à l'origine des opérations de Law, il y avait des gages sérieux. Lorsque Mirabeau, ce même Mirabeau qui avait fulminé contre le papier-monnaie cette condamnation écrasante : « Tout papier-monnaie est une orgie du despotisme en délire ! » lorsque Mirabeau, dis-je, cédant à regret, sans doute, à ce qu'il croyait les nécessités du moment, fit décider par l'Assemblée nationale que « les biens du clergé étaient à la disposition de la nation, » et la détermina, en conséquence, à décréter l'émission de 400 millions de papier reposant sur ces biens, assurément Mirabeau était bien loin de songer à provoquer la création d'un papier-monnaie, c'est-à-dire sans valeur et sans gage.

C'était sous le contrôle des municipalités, chargées de faire l'évaluation des biens mis en vente, que devaient être mis en circulation les billets représentatifs de ces biens ; et la somme en pouvait paraître faible relativement à la valeur de ceux-ci : il n'y avait pas, en effet, d'après les meilleures évaluations, moins de 4 milliards de propriétés ecclésiastiques, produisant, au bas mot, 70 millions de livres de revenu par an.

Mais d'abord (et Mirabeau aurait dû y songer), une promesse de terre, fût-ce la plus belle terre du monde, n'est pas la même chose qu'une promesse d'argent, parce que la terre ne répond pas aux mêmes besoins. « Je puis, disait Jacques Laffitte, à un faiseur de projets, mettre un écu dans ma poche ; mais je ne puis pas emporter votre terre sous mon bras. » La terre ne circule pas et ne s'accepte pas couramment, comme l'argent, à titre d'équivalent général, parce qu'on ne saurait se promettre de l'échanger aisément et directement, au jour du besoin, contre les objets divers de satisfaction définitive qu'on pourra avoir en vue par la suite. La terre se prend comme placement à longue échéance, comme séjour, comme possession d'agrément ou de vanité, comme instrument d'exploitation nécessaire, etc. ; mais elle n'a aucun des caractères qui expliquent la circulation régulière de la monnaie ; elle diffère selon la situation, la qualité, le milieu ; elle n'a pas, par conséquent, et le papier qui la représente ne peut pas avoir davantage cette valeur uniforme et courante qui assure l'acceptation de la monnaie connue de tout le monde. C'est la représentation d'une chose, sans doute, d'une chose précieuse, mais mal déterminée, non d'une chose précise et immuable.

Il y avait, en second lieu (et l'on eût dû y songer aussi), contre la vente de ce genre de terres bien des motifs d'hésitation et de réserve. Les uns se méfiaient de l'avenir, les autres regrettaient le passé ; ceux-ci éprouvaient des scrupules fort respectables, ceux-là avaient des intentions hostiles : c'en était plus qu'il n'en fallait pour que le papier ne gardât pas longtemps le pair.

Il baissa donc et ne produisit pas ce qu'on avait attendu de lui. En même temps, les besoins furent plus grands qu'on ne les avait supposés d'abord, et il fallut y pourvoir. Une fois engagé, on suivit l'ornière. On trouva commode de se procurer des ressources, même affaiblies, par un procédé qui coûtait si peu ; on multiplia le papier municipal, et il devint bientôt les assignats nationaux. Tant et si bien que, des 400 millions de l'origine, on arriva, en peu d'années, à 45 milliards, plus de dix fois la valeur du gage primitif. On était à ce chiffre en 1796, lorsqu'on se décida enfin à supprimer cette monnaie devenue complètement illusoire. Et telle en était depuis longtemps déjà, et en dépit des plus tyranniques expédients, la dépréciation presque absolue, que, dès l'année précédente, en 1795, la Convention, ordonnant un emprunt forcé, avait dû spécifier que le papier officiel ne serait reçu que pour un centième de sa valeur nominale. On ne pouvait proclamer plus ouvertement sa nullité.

Il en sera ainsi, quoi qu'on dise et quoi qu'on fasse, toutes les fois qu'on prétendra faire prendre pour solide

un gage qui ne le sera pas ; toutes les fois que la promesse substituée, pour un temps plus ou moins long, au
paiement actuel, ne pourra pas, en toutes circonstances, à
tout moment et à toute réquisition, faire preuve de la réalité de sa valeur, c'est-à-dire de sa parité avec la créance
qu'elle représente par l'accomplissement intégral et régulier de toutes les obligations qu'elle stipule ; toutes les fois
notamment qu'en inscrivant sur une feuille de papier l'é-
nonciation d'un chiffre quelconque de pièces de monnaie,
on ne pourra pas donner à celui qui reçoit ce papier la
certitude, mais la certitude entière, indubitable, qu'il recevra bien véritablement ce nombre exact de pièces de
monnaie, et qu'il les recevra dans les conditions précises
de temps, de lieu et de personnes indiquées. Et il en sera
ainsi, quels que soient le nom et la nature du papier,
qu'il soit émis par des particuliers ou par des associations
financières, par des banques ou par l'État. A cet égard,
toutes les distinctions et toutes les subtilités du monde ne
sont rien : une promesse est une promesse, et un mensonge
est un mensonge, de quelques bouches qu'ils émanent.

Toutefois, il y a une différence, une seule, et je l'ai
signalée déjà à propos des faux monnayeurs. C'est que la
responsabilité est en raison de la position et du pouvoir.
C'est que la tromperie, quand elle est volontaire, est plus
grave, en même temps que plus dangereuse, de la part de
l'État ou d'une institution puissante, que de la part d'un
simple particulier. C'est que l'ignorance elle-même, enfin,
qui peut dans certains cas expliquer la tromperie et en atténuer le caractère coupable, est plus honteuse et plus inexcusable de la part de la puissance publique, qui doit le bon
exemple, de la part des hommes haut placés, qui doivent
savoir et connaître, que de la part du vulgaire, qui n'a pas
toujours eu l'occasion d'apprendre et qui n'a fait que céder
à l'entraînement du sophisme et de l'excitation.

Je dis plus : non seulement nous pouvons appliquer à
l'émission du papier-monnaie ce que nous disions de la
falsification de la monnaie et la réprouver comme une vio-
lation flagrante de la foi publique, mais nous devons la

réprouver plus énergiquement encore et comme une viola-
tion plus grave et plus entière. La fausse monnaie ne
représente pas tout ce qu'elle doit représenter, et elle est
un vol de la différence. Mais le papier, le papier non remboursable, le papier qui a la prétention d'être pris pour
quelque chose et qui n'est rien, ce papier-là n'est pas seulement un vol de plus ou de moins, c'est un vol de tout;
ce n'est pas seulement une monnaie altérée et exagérée,
c'est une monnaie nulle, radicalement nulle et volontairement nulle. J'en appelle à la langue, c'est-à-dire à tout le
monde. Papier-monnaie, dites-vous : traduisez donc, s'il
vous plaît. Papier-monnaie ? C'est-à-dire papier métal,
métal de papier ! Est-ce que les mots eux-mêmes ne vous
arrêtent pas ? Est-ce qu'ils ne protestent pas contre toute
assimilation ? Est-ce qu'ils ne hurlent pas de se voir ainsi
barbarement accouplés ? Est-ce que ce papier, que vous
voulez à toute force faire prendre pour quelque chose, ne
crie pas lui-même comme pour m'avertir que vous me trom-
pez, qu'il n'est rien et qu'il ne peut rien être ? Et vous-
même, en prétendant contraindre ma confiance au lieu de
la gagner, en prétendant m'imposer par la violence du
cours forcé l'acceptation de cette valeur menteuse et nulle,
ne m'avertissez-vous pas de la refuser et de protester contre la fraude ? Contre cet avertissement énergique, la peine
de mort elle-même ne peut rien, et la hache du bourreau
n'a jamais eu et n'aura jamais la vertu de réhabiliter la
planche aux assignats.

Voilà pourtant la conséquence extrême mais logique d'un
faux point de départ ; voilà le terme inévitable et fatal de
tout système qui, pour remplacer la monnaie par le papier,
commence par nier la monnaie au lieu de s'appuyer sur
elle ; voilà, pour répéter le mot de Mirabeau, « l'orgie du
despotisme en délire ».

Quel est donc le véritable rôle du papier, le véritable
rôle du crédit ? Quel est le fondement de leur puissance,
quelle en est la limite, en quoi et jusqu'où peuvent-ils être
utiles ? C'est par ces réflexions que je voudrais terminer
cette étude.

IX

Quant au papier, je ne saurais guère que répéter ce qué j'ai dit déjà : le papier représente la monnaie. Il dispense de l'emploi immédiat et actuel de la monnaie ; mais il en dispense parce qu'il la représente, parce qu'il est son délégué, son mandataire en quelque façon, son porteur de parole, si je puis m'exprimer ainsi ; parce qu'il se recommande d'elle et qu'elle répond pour lui. Or, si cette relation cesse, si le papier, sans valeur par lui-même, perd, ou pour mieux dire répudie son répondant et sa caution ; s'il reste seul, dans son impuissance naturelle et déclarée ; sa parole, privée de toute garantie et de tout moyen de réalisation, n'est plus qu'un vain son : il ne repose sur rien, ne signifie rien et n'est rien.

Le papier permet de faire, avec une quantité restreinte de monnaie, une masse d'opérations d'échange qu'il ne serait jamais possible de songer à faire sans lui, même avec une quantité beaucoup plus considérable d'espèces. Il le permet, grâce à ce dénominateur commun, grâce à ce numéraire matériel et saisissable, grâce à cet étalon invariable et à ce gage effectif que l'on connaît, que l'on voit, que l'on touche, que l'on pèse, auquel on peut toujours en appeler, et dont la seule existence confère aux engagements une signification nette et un sens précis. Et ainsi s'explique que le plus vaste mouvement d'affaires puisse s'accomplir parfois sans aucune intervention apparente de la monnaie ; on ne la fait pas agir, mais tout roule sur elle, elle est derrière le rideau, comme Néron, dans *Britannicus*, « invisible et présente ». Le service rendu de ce chef peut être énorme. Grâce au papier, ai-je dit, par exemple, toutes les affaires de la France se font avec une masse de monnaie métallique qui ne paraît pas excéder 6 à 7 milliards, et qui, assurément, pourrait être réduite, car l'Angleterre n'en emploie pas la moitié pour un commerce plus étendu. Une seule institution, le Clearing-House, permet aux principaux banquiers de la cité de Londres, par le moyen de compensations et de virements intelligents, d'effectuer, on peut dire sans espèces, et avec 150 *millions de billets* seulement, pour 250 *milliards de paiements par an.* L'usage des chèques, grâce auquel chacun fait ses paiements par délégation sur son banquier, contribue fortement à cette réduction.

Le papier, donc, agit en quelque façon comme un levier, et la monnaie comme le poids qui le met en mouvement. Ce levier peut être plus ou moins long, à proportion de la confiance qui en fait la solidité ; il ne peut pas cependant être indéfiniment allongé, pas plus que ne peut être porté au delà de certaines limites le plus ingénieux mécanisme.

Supposez, d'ailleurs, le levier le plus solide, le mieux entendu, le plus énergique ; mais supprimez la force qui agit à son extrémité, ce qu'on appelle si justement la puissance ; aussitôt il cesse de produire aucun effet. Il en est de même du papier, si vous faites disparaître la monnaie. C'est le levier d'Archimède reposant dans le vide.

Voilà pour le papier. Le crédit est-il d'une autre essence ? Peut-il davantage se passer de point d'appui ? Est-il vrai, comme on le dit, qu'il enfante la richesse ; qu'il multiplie les capitaux, et qu'il soit un véritable créateur, grâce auquel il ne tienne qu'à nous de centupler à volonté nos ressources ? Mais songez donc à ce que signifient tous ces grands mots, et songez à ce que suppose nécessairement le crédit, à ce qu'exige et implique toute opération de crédit.

Voici d'abord et avant tout un emprunt, accompagné d'une promesse de restitution. Vous empruntez ; en d'autres termes, on vous donne, ou l'on vous donnera. Est-ce que cela ne suppose pas nécessairement l'existence préalable de la chose empruntée ou promise ? Autrement ce serait pure duperie ; et, sans doute, vous ne vous soucieriez guère d'un crédit purement nominal et fictif. Vous restituerez ensuite. Est-ce que cela ne suppose pas l'emploi utile, et même (si vous voulez un crédit réellement fécond) l'emploi productif de cette chose empruntée et restituable ?

En d'autres termes, disponibilité de l'objet demandé ; confiance qui détermine le possesseur de cet objet à le prêter ; travail intelligent et productif qui en procure le bon emploi par l'emprunteur et en prépare la restitution en le reconstituant avec accroissement : voilà ce que je trouve forcément en décomposant toute opération sérieuse de crédit. Et voilà ce qui m'explique qu'une telle opération soit possible et qu'elle soit profitable.

Vous pouvez vous récrier tant que vous voudrez et tant que vous voudrez chanter crédit illimité, crédit universel, crédit gratuit ; je vous défie de sortir de là. Il faudra toujours, pour qu'un emprunt soit possible, que les choses désirées existent ; et pour qu'il soit sensé, que l'emprunteur ait l'espoir de bien employer ces choses et le prêteur l'espoir de ne pas perdre à les lui confier. Est-ce assez dire, même, et ne faudrait-il pas qu'ils y gagnassent tous deux ? Crédit universel, crédit gratuit, abolition de l'intérêt, capitaux pour tout le monde, qu'est-ce que cela peut vouloir dire, si ce ne sont pas de vains mots ? Apparemment charrues pour tout le monde, blé pour tout le monde, outils, vêtements, maisons, pour tout le monde, et gratis.

Mais est-ce qu'il est au pouvoir de personne de changer le laborieux enfantement des choses humaines, et d'en supprimer la condition suprême du temps et celle de l'effort ? Est-ce que rien peut faire qu'à un moment donné il y ait plus de blé qu'il n'y en a, et que cette quantité existante se trouve augmentée d'un grain avant la récolte suivante ? Est-ce que la quantité de vêtements peut, du jour au lendemain, être doublée, et ne faut-il pas au moins que les métiers battent et que les aiguilles marchent ? Est-ce qu'il ne faut pas que les plantes poussent, que les navires arrivent, que les machines fonctionnent et que les roues tournent, que les forgerons préparent le fer des charrues et que les maçons élèvent les murs des maisons ?

Le mot magique de crédit a-t-il la vertu de dispenser de cette succession raisonnée d'actes humains ?

Évidemment non, et ce serait puérilité d'insister. Mais alors que peut donc le crédit, et que fait-il ?

Le crédit peut beaucoup, et il fait une grande chose, une chose dont il est pour ainsi dire impossible de mesurer l'influence. Il met aux mains qui en ont le plus besoin et aux mains qui sont les plus aptes à les employer utilement les divers agents de la production et du travail. Il rapproche le grain de la main qui sait le semer, la farine de la main qui sait la pétrir, le lin de la main qui sait le tisser.

Pour accroître la richesse privée ou la richesse publique, que faut-il ? Il faut une activité sans fin et une éternelle transformation. La vie aboutit à la mort ; mais la mort enfante la vie. Le grain, dit l'Évangile, doit être mis d'abord en terre et y mourir afin de renaître et de se multiplier. Saint Thomas d'Aquin, de son côté, a écrit cette admirable parole : « La vie n'est qu'un mouvement fécond. » C'est là tout le secret de la société humaine au point de vue économique.

Nous produisons pour consommer ; nous consommons pour produire ; puis nous consommons de nouveau ce que de nouveau nous avons produit, pour, ensuite, le remplacer encore par une production nouvelle. Mais, si nous consommons moins que nous n'avons produit, si nous produisons mieux que nous n'avons produit précédemment, si, en semant davantage ou en semant moins mal, nous accroissons la récolte, nous nous trouvons, au jour de cette récolte nouvelle, plus assurés et plus riches ; nous avons davantage ; nous pouvons donner davantage à ceux qui nous entourent ; nous pouvons appeler à la vie un nombre d'hommes plus considérable ; nous pouvons, à ces hommes, assurer une part plus belle ; nous pouvons, en un mot, agrandir la vie humaine, développer le genre humain, en quantité et en qualité, sur la surface du globe.

Oui, nous pouvons tout cela, et tel est le but même de notre existence. Nous pouvons tout cela, mais nous ne le pouvons que graduellement et progressivement, car tout cela suppose un enchaînement de causes et d'effets, un renouvellement et non une improvisation. Car tout cela c'est une croissance et non une création, un développement, non une explosion soudaine comme celle de la lumière au premier jour du monde ; et il y faut de l'ordre, de l'intelligence, de l'économie, de la mesure et de la persévérance.

Pour activer la production, pour mieux employer ce qui existe, il faut, dis-je, faire arriver plus sûrement aux mains les plus actives, les plus dignes, les plus fécondes, les objets de consommation et de production ; et c'est là, en effet, le véritable office du crédit. Mais, ces mains les plus actives, les plus dignes, les plus fécondes, qui les désignera ? Sera-ce le hasard ? Sera-ce la faveur ou le caprice ? Ne sera-ce pas plutôt le jeu naturel de la demande ; le libre appel de la rémunération promise et assurée, la confiance, en un mot, motivée par les garanties ? Mais, s'il en est ainsi, nous arrivons précisément à cette rétribution du prêt, à cette rémunération du capital, si mal vue, si accusée souvent, sous le nom d'intérêt. Nous arrivons à comprendre, à respecter, à bénir cette haute paie du capital, c'est-à-dire du travail antérieur et de l'épargne, en vue de laquelle le capital a eu le mérite de se créer, qui, depuis l'a engagé à se conserver, et qui, maintenant, le détermine à s'employer, mais à s'employer à bon escient : grâce à laquelle il va, autant qu'il dépend de lui, se remettre (pour périr en vue de revivre) à des mains sûres et vraiment capables de le faire revivre après l'avoir fait périr. Voilà, avec les sentiments honorables et bienveillants qui cessent d'être sérieux et méritoires quand ils aboutissent à la duperie, voilà le véritable stimulant, le véritable guide du crédit ; et qui dit crédit ne dit-il pas respect et rémunération du capital ?

Qu'on fasse donc disparaître, autant qu'il est possible, et de plus en plus, toutes les entraves entre les besoins qui se cherchent ; entre le capital qui veut être employé et le travail qui a besoin d'employer le capital ; entre les produits existants et les mains qui ont besoin de ces produits existants pour vivre aujourd'hui en en créant d'autres pour vivre mieux demain. Qu'on fasse disparaître toutes ces entraves et que la liberté des conventions prévale de plus en plus, et l'on aura, non pas certes le crédit pour tout le monde, le crédit universel et gratuit (ce serait un crédit aveugle et stérile), non, mais l'on aura ce qu'on peut avoir, le crédit libre, le crédit clairvoyant, le crédit fécond, le crédit pour qui le méritera, et dans la mesure du mérite. Et l'on aura ainsi substitué à l'inertie, à la langueur, à la mort, la vie et l'élan. On aura activé, pour ainsi dire, cette végétation incessante des choses humaines par laquelle les générations, comme les arbres, se créent à elles-mêmes leur sol pour y croître plus puissantes et plus riches. On aura fait que toutes ces choses qui dormaient inutiles, onéreuses souvent par les frais de garde, dans les magasins, dans les boutiques ou dans les comptoirs, employées désormais par des mains industrieuses et actives, seront devenues utiles et profitables. Au lieu d'une richesse stagnante et sans cesse exposée à la corruption, on aura devant soi une richesse renouvelée et purifiée par le mouvement. Et grâce à l'échange, qui est au corps social du genre humain tout entier ce qu'est la circulation du sang à notre propre corps, on aura, en fin de compte, multiplié la vie par la circulation des éléments de la vie. On l'aura multipliée, non pas en un tour de main, non pas sans travail, mais graduellement, par le travail et par le stimulant donné au travail.

En somme (et c'est ma dernière réflexion ; elle domine toute la science) il y a ici-bas deux systèmes en présence. Il y a un système qui dit à l'homme : « Il existe, pour s'enrichir et pour être heureux sur cette terre, des formules, des procédés mécaniques, des paroles cabalistiques. S'enrichir, eh ! c'est l'affaire d'un moment, le tout est d'avoir le mot de passe. C'est une porte à forcer, un secret à découvrir, un rideau à tirer, un talisman à posséder. Ce talisman, il y a des gens qui le possèdent. Force-les à te le livrer, et, après cela, croise-toi les bras et deviens riche. » L'autre doctrine tient un langage bien différent, et voici ce qu'elle dit à l'homme : « Le bien-être, la richesse, la civilisation, le progrès — le progrès matériel, le progrès intellectuel, le progrès moral, — tout cela vient de l'homme, et dépend de l'homme ; car tout ce qui est pour l'homme émane de l'homme ; et c'est lui seul, qu'il le veuille ou qu'il s'y refuse, qui est le véritable artisan de son sort. Travaille donc, si tu veux devenir riche, et travaille encore si tu veux que tes semblables le deviennent. Travaille dans la justice, et travaille dans la liberté. La justice et la liberté te sont-elles refusées? Demande-les. Demande-les patiemment, mais persévéramment. Réclame-les sans violence, mais réclame-les comme des choses qui te sont dues. Réclame-les tous les jours, jusqu'à ce que tu les aies obtenues. Et, quelques difficultés que tu éprouves à les obtenir, ne te lasse pas de les réclamer. La terre, il est vrai, ne les verra jamais tout entières ; mais elle doit les voir grandir et s'étendre sans cesse. En attendant, travaille ; sers-toi de ton mieux des ressources que tu possèdes. Et ne crois pas ainsi avoir délaissé la cause de l'avenir ; car faire davantage, car croître en puissance et en richesse, c'est se rendre plus fort et se donner plus de chances de voir prévaloir ses aspirations légitimes. »

Voilà les deux systèmes. Eh bien ! je le dis sans hésiter, de ces deux systèmes, il y en a un, et c'est le premier, qui ravale l'homme en même temps qu'il le trompe, qui fait de l'homme je ne sais quelle machine aveugle, je ne sais quel automate jouet d'un destin aveugle, recevant et subissant passivement du dehors son sort, bon ou mauvais. Mieux vaudrait encore l'humble condition de l'animal.

L'autre, au contraire, le second, élève l'homme en même temps qu'il l'éclaire. Il l'élève au-dessus de tout ce qui l'entoure ; il fait de lui le maître et non plus le jouet de la matière inerte ; il lui révèle, avec le poids de la vie, la source inépuisable de la force qui lui a été donnée pour porter ce poids. Et, en le mettant franchement en face de lui-même et de la responsabilité de sa destinée, il lui montre ici-bas la satisfaction intérieure et suprême de l'effort et du devoir accompli, et lui fait entrevoir là-haut le regard bienveillant et équitable d'un juge tout-puissant et d'un rémunérateur infaillible : « Aide-toi, le ciel t'aidera. »

Ce dernier système est donc le seul que la science recommande ; c'est le seul qu'avoue la dignité humaine. Voilà ma conclusion, et je n'y ajouterai rien.

ANNEXES

Le Bimétallisme au village.

Jacques Bonhomme. — Dites donc un peu, père Mathurin, vous qui êtes un malin, qu'est-ce que c'est que leur bimétallisme, avec lequel ils nous disent qu'ils vont empêcher toutes les crises, et nous rendre tous riches?

Mathurin. — Ce que c'est, Jacques Bonhomme, mon ami, c'est une grande blague avec laquelle ils espèrent t'attraper encore une fois, comme ils l'ont fait avec leur protectionnisme qui devait faire prospérer l'agriculture, et hausser les salaires, et qui n'a rien fait prospérer du tout, que la bourse de quelques-uns, au profit de qui on t'a fait payer plus cher tout ce que tu consommes et tout ce que tu emploies, depuis ton pain jusqu'à ton fromage, depuis ta chemise jusqu'à tes souliers, et depuis ta bêche jusqu'à ta machine à battre.

— Mais pourtant, il paraît que l'argent a fait comme le blé, il a baissé de valeur, et la pièce de cinq francs ne vaudrait plus, si on la faisait fondre, que 2 fr. 50.

— Ne la fais pas fondre, mon ami, personne ne t'y force, mais ne te fie pas à ceux qui te promettent de la faire remonter. Ils t'avaient fait de belles promesses pour le blé, en te disant « qu'ils sauraient bien te le faire vendre cher et te faire acheter ton pain à bon marché » ; tu sais ce qu'il en est.

— Ah ! c'est vrai. Mais l'or et l'argent c'est pas des marchandises, à ce qu'ils prétendent.

— Non, c'est pas des marchandises ? Et avec quoi donc que ça s'obtient de l'or et de l'argent ?

— Dame, avec du travail, quand on va le chercher soi-même, dans les endroits où il y en a, ou avec d'autres marchandises, avec du fer, du bois, du blé, des étoffes, quand on les demande à ceux qui en ont.

— Très bien, mon ami, tu parles comme un livre. Mais dis-moi, quand on achète ton blé, tes pommes de terre ou ton vin, c'est-à-dire quand tu achètes de l'argent avec ton blé, tes pommes de terre ou ton vin, est-ce que tu en donnes toujours la même quantité pour le même prix ? Est-ce qu'il y a, en d'autres termes, un rapport fixe entre la valeur de tes denrées et celles de la monnaie ?

— Ah ben non, pour sûr ; tout le monde sait bien qu'il y a des années où la pomme se donne pour rien, tant et si bien, ou si mal, qu'on ne prend même plus la peine de tout ramasser, et qu'il y a des années où, dame, on la paie cher, et ne fait pas du cidre qui veut.

— Est-ce que c'est seulement par rapport à l'or ou à l'argent que le prix de ses produits varie ? Est-ce qu'on donne toujours le même nombre de boisseaux de pommes pour le même nombre de boisseaux de blé ? ou le même nombre de litres de vin pour le même nombre de litres d'huile ?

— Ah pour ça non encore, ça dépend de la récolte.

— Oui, de la récolte et aussi de l'état des approvisionnements, du goût des consommateurs, qui n'est pas toujours le même, et de l'idée qu'on se fait des chances de la récolte suivante.

— Bien sûr et c'est pour ça qu'il y en a qui gardent leur foin ou leur blé, et d'autres qui se dépêchent de les vendre.

— Eh bien, Jacques Bonhomme, mon ami, il en est de l'or et de l'argent comme de tout le reste. Ce sont des marchandises qui ont un cours comme les autres, et leur cours varie non seulement par rapport au bétail, au blé, au vin, aux habits ou au travail, mais il varie de l'une à l'autre. L'or baisse ou monte, suivant les époques, par

rapport à l'argent. Pendant la première moitié du xix' siè
cle, il a valu, pour le même poids, à peu près 15 fois 1/2
l'argent. Vers 1850, quand on a découvert les mines d'or
de la Californie et de l'Australie, il n'a plus valu que 14 ou
14,5. Plus tard, quand on a exploité des mines d'argent
d'une grande richesse, il a valu jusqu'à 32 fois l'argent,
c'est-à-dire que l'argent a valu plus de la moitié moins
qu'il y a 50 ou 60 ans. Demain peut-être, par l'exploitation
des mines de l'Afrique, l'or baissera de nouveau et ne vaudra plus que 28, 25, 20. Personne n'en sait rien, c'est le
secret de l'avenir.

Personne n'y peut rien non plus et il n'y a qu'une chose
à faire, c'est de renoncer à faire violence à la nature et de
laisser les cours se régler eux-mêmes.

— Oui, mais tout de même, père Mathurin, comment
nous y reconnaîtrons-nous avec cette monnaie variable?

— Pas plus variable qu'aujourd'hui, moins variable, au
contraire, puisqu'aujourd'hui, quand tu vends, et qu'on
s'engage à te payer un certain nombre de francs, tu ne sais
pas exactement ce que ça veut dire et ce qu'on te donnera.
Des francs ? Est-ce des francs en argent ou des francs
en or? Tu n'en sais rien et pourtant ce n'est pas la même
chose.

— Mais c'est la même chose ou c'est tout comme, puisque je peux toujours changer ma pièce de 5 francs en argent, que vous dites qui ne vaut plus que 2 fr. 50, contre
5 francs en or, tout comme je peux changer 0 fr. 50 en sous,
qui ne valent peut-être que 0 fr. 25 ou 0 fr. 30, contre
0 fr. 50 en argent.

— Oui, mon ami, mais ce n'est pas la même chose en
dehors de la France et d'un ou deux pays, qui se sont
entendus avec elle pour avoir la même monnaie. Et c'est
pour ça que l'or qu'on se procure à bon marché en France,
avec de l'argent, s'en va hors de France, et que nous fai-
sons à nos dépens les affaires des étrangers. Encore aujour-
d'hui on ne frappe plus de pièces d'argent ; mais ce que
demandent les bimétallistes c'est qu'on recommence à en
frapper indéfiniment, tant que les gens qui auront des lin-

gots d'argent en apporteront à la Monnaie et qu'on leur donne de l'or à la place, à raison de 1 pour 15,5. Tu comprends qu'ils feraient une jolie affaire, et c'est pour ça qu'ils y tiennent tant.

Ils ont réussi à faire ce petit commerce-là aux États-Unis ; cela a coûté gros au Trésor américain. Cela ne coûterait pas moins gros au Trésor français. Et c'est toi, Jacques Bonhomme, comme toujours, qui paierait.

— Mais qu'est-ce qu'il faut alors, car enfin on ne peut pas se passer de monnaie, et on ne peut pas non plus toujours payer en or? On a trouvé les pièces de 5 francs en or trop petites, et on n'en voit plus ; cela se perdait trop facilement.

— Tu as raison, on ne peut pas se passer de monnaie, et il n'est pas du tout nécessaire de se priver de la monnaie d'argent. Mais on peut faire pour la monnaie d'argent ce qu'on fait pour la monnaie de cuivre, qu'on appelle du billon. Les Anglais, qui s'entendent au commerce, ont adopté ce régime depuis 1816, et ils s'en trouvent bien. Leur monnaie légale, c'est l'or. Tous les gros paiements ne se font qu'en or, et, à moins d'une convention contraire, c'est en or que le créancier est obligé de se laisser payer. Mais pour les petits payements on peut employer l'argent comme nous employons le cuivre. Et si l'on veut faire de gros payements en argent, alors on les fait au cours, comme l'on ferait chez nous, si nous n'étions pas forcés de recevoir l'argent pour le double de ce qu'il vaut.

Vois-tu, Jacques Bonhomme, il n'y a jamais rien de tel que de voir les choses comme elles sont. Et cela ne sert à rien d'en changer le nom, quand on n'en change pas la qualité.

Autrefois les rois s'imaginaient qu'il dépendait d'eux de déterminer la valeur de la monnaie, et du jour au lendemain, quand ils avaient à payer, ils disaient que la même pièce d'argent vaudrait le double, ou quand ils avaient à recevoir, qu'elle vaudrait moitié moins. Ils faisaient de la fausse monnaie tout simplement et trompaient le public, comme tu tromperais ton acheteur, si tu lui mesurais un hectolitre de blé pour deux. C'est de la fausse monnaie qu'on veut nous faire refaire. Seulement ce ne sont plus les rois, ni les présidents de République qui mettraient la différence dans leur poche et profiteraient de la fraude ; ce sont quelques malins qui ont des mines à exploiter, ou qui s'entendent à spéculer sur les cours, mais ça serait toujours toi, mon ami, et moi, et nous tous du bon public, qui serions les dindons de la farce.

L'Intérêt de l'Argent

MATHIEU. — Bonjour, père Jacques, ça va-t-il ce matin ?

JACQUES. — Comme vous voyez, père Mathieu, pas trop bien. Je rentre de faire mon marché pour alimenter la boutique ; les ménagères vont venir, et je n'ai pas trouvé grand' chose. Les légumes sont hors de prix, et les fruits sont rares ; je ne sais vraiment pas comment je vais faire.

MATHIEU. — Bah ! votre fils est actif et débrouillard. Il n'est pas encore tard ; renvoyez-le à la halle avec votre carriole, il vous rapportera des provisions.

JACQUES. — Bon ! C'est facile à dire ; mais mes chevaux sont fatigués, et je veux pas les crever. D'autant qu'ils ne sont pas à moi, vous savez. Je les loue à Antoine ; même qu'il me les fait payer diantrement cher. Des rosses, qui ne valent pas trois cents francs à elles deux, j'en suis responsable, et il faut lui payer deux francs par jour ; cela fait plus de sept cents francs pour l'année. Avec cette somme-là je pourrais en acheter, qui seraient à moi et je n'aurais plus de louage à payer.

MATHIEU. — C'est juste. Et si on vous la trouvait cette somme ?

JACQUES. — Si on me trouvait sept cents francs?

MATHIEU. — Oui, sept cents francs en bonnes espèces.

JACQUES. — Oh ! celui qui me ferait cette trouvaille me rendrait un fameux service.

MATHIEU. — Et vous lui en rendriez bien un à votre tour, pour la peine, père Jacques ?

JACQUES. — Je crois parbleu bien ! Il faut obliger ceux qui vous obligent.

MATHIEU. — Eh bien ! je vous les prête, moi, les sept cents francs ; mais à une condition, ou plutôt à deux conditions : Vous me ferez, pour rentrer mes foins, trois ou quatre journées de travail avec vos chevaux et votre carriole.

JACQUES. — Bon ! qu'à cela ne tienne. Et on boira un coup ensemble de bonne amitié. Et l'autre condition ?

MATHIEU. — L'autre condition ? Vous me paierez, jusqu'au remboursement, six francs par mois à titre d'intérêt.

JACQUES. — Six francs par mois ! Soixante-douze francs par an, pour sept cents francs ! Mais ça fait plus de 10 0/0 ça ! Vous êtes un fameux usurier, vous, père Mathieu !

MATHIEU. — Oui, je sais bien que le Code civil, qui a été fait par des gens sages, à ce qu'il paraît, a décidé qu'on était un usurier quand on prêtait de l'argent à plus de 5 ou de 6 0/0, suivant les cas. Il paraît qu'on ne l'est pas quand on prête des chevaux à 100 ou 200 0/0, comme les vôtres. Mais il faut protéger les emprunteurs contre les prêteurs. Elle est jolie la morale de votre Code civil et intelligente !

JACQUES. — Mais des chevaux et de l'argent, c'est pas la même chose.

MATHIEU. — C'est juste. Seulement avec de l'argent on peut se procurer des chevaux ; et avec des chevaux, on peut se procurer de l'argent ou en gagner. Bonnet blanc ou blanc bonnet, voyez-vous. Ce que j'en faisais, c'était pour vous faire faire une bonne affaire, en en faisant une petite que je ne trouvais pas mauvaise. Cela ne vous va pas. Continuez à payer 100 0/0 de peur d'en payer 10; et faites beaucoup d'opérations comme celle-là. Vous êtes sûr de prendre le chemin de la fortune.

MAYENNE, IMPRIMERIE CH. COLIN

www.ingramcontent.com/pod-product-compliance
Lightning Source LLC
LaVergne TN
LVHW012205170726
843503LV00005B/1888